ッポン景観論

アレックス・カー

目次

企画・構成／清野由美
編集協力／大島淳之
文字組版／アイ・デプト．

序章

私の日本のルーツ

私は現在、景観保存活動や講演、古美術品収集、文化コンサルタント、「華道」や「書」など文化イベントのプロデュース、執筆、通訳などの仕事をしています。住まいは京都市に隣接する亀岡《かめおか》市とタイのバンコクにあり、ほかにも徳島県の祖谷《いや》に茅葺《かやぶ》きの家を持ち、北京、ミャンマー、ブータン、ハワイと、いつもいろいろな場所をぐるぐると回っています——と、説明すると、「いったいあなたは何をやっている人なの？」と、聞かれます。一言で説明するのが難しくて困っているのですが、まずはそんな私の自己紹介から始めさせていただきます。

日本伝統芸術学苑に勤めていたころ

私が日本に初めて来たのは１９６４年、東京オリンピックの年です。アメリカ海軍の弁護士を務めていた父の赴任に伴って、12歳から2年間、横浜の米軍基地で暮らしました。

徳島県・祖谷の「篪庵」の前に立つ

祖谷の霧

その後、アメリカのイェール大学で日本文化を、東京の慶應《けいおう》義塾大学で日本語を、イギリスのオックスフォード大学で中国学を学び、77年に大学を卒業し、就職で日本に戻ってきました。亀岡市には宗教法人「大本《おおもと》」が運営する「日本伝統芸術学苑《がくえん》」という施設があり、私はそこの国際部に勤めました。学苑では、世界の人たちに茶道、華道、書道、能楽の仕舞など、日本の伝統文化を教えていて、日本好き、東洋好きの私にとって願ってもない勉強の場になりました。給料は電気代の支払いにも困るぐらい安かったのですが、学苑の仕事のいいところは、とにかく時間の自由があることでした。亀岡の中心から少し離れた場所に「矢田天満宮」という小さな社を見つけ、境内にある築400年の家を借りることになりました。以来、今も天満宮の一角に住み続けています。

70年代の前半はイェール大学の学生としてアメリカにいながらも、時間があれば日本に来て、バイクであちらこちらを巡っていました。高知県に近い徳島県の山間にある「祖谷」を偶然、発見したのはそのころです。平家の落人《おちうど》伝説が残る祖谷は、秘境中の秘境で、民家の光景も、それまで私が目にしていた日本の田舎とは、まるで違っていました。

日本の典型的な田園風景というのは、山の麓《ふもと》に集落を作って人が住み、その周りに田んぼが広がっているものです。でも、祖谷では険しい山の中腹に茅葺きの古民家が一軒一軒点在して

巡り会った茅葺き家屋「篪庵」（現在の外観）

いて、急斜面に田んぼはありません。霧が山を覆い、その合間から古い家がぽつぽつと姿を現す光景は、中国の墨絵のようで、そのロマンチックなパノラマに、私はすっかり心を奪われてしまいました。そのすぐ後に、奨学金を得て慶應義塾大学に留学するのですが、日本にいる間は大学をサボって祖谷にばかり通っていました。

当時から祖谷では過疎が進んでいて、歩いていると空き家がたくさん目に付きました。だったら、どれかを自分のものにできるだろうか？　と思い立ち、数十軒、いえ、１００軒以上の空き家を勝手に見て回るようになりました。そして73年、ついに１軒の茅葺き家屋と巡り会ったのです。１２０

篪庵。内部の板敷きは300年前からの様式

坪の土地に、築300年の家で値段は38万円。20歳の学生にそんなお金はありませんでしたので、父親や友人から借金をして買い、「篪庵《ちいおり》」と名付けました。ちなみに、借金は5年をかけて返済しました。

日本を疑う私が遅れている？

日本伝統芸術学苑に勤めている20代の時は、書や歌舞伎《かぶき》に没頭しました。書は和本から始まって、次に色紙、短冊と、収集の対象がどんどんと深まっていきました。安月給なのに、なぜ収集できたかというと、どれも二束三文で叩《たた》き売られていたからです。

コレクターというのは一種の病気のようなもので、そのうちに巻物、掛け軸、屏風《びょうぶ》、家具までも集めるようになりました。資金力が追い付かないので、欲しいものを買うために、持っているものを売ったりしているうちに、いつの間にか古美術のディーラーとして、生活をまかなうようになっていきました。

80年代、私にとっては予想外のハプニングが起こりました。テキサス州のダラスにある不動産開発会社のトラメル・クロー社の創業者、トラメル・クロー氏が美術の収集家で、彼に屏風などを売っていたら、同社の日本代表をまかされることになったのです。仕事は古美術とはまったく違う不動産開発。それまでの〝美の世界〟から、不動産という〝現実〟に移り、バブル景気の最中には、それなりに刺激的な時間を過ごしました。そしてこの時に、日本の経済発展が抱える「病」も、はっきりと見えてくるようになったのです。

都市に限らず地方の小さな村にいたるまで、国土が開発の手で〝近代的〟に変わり始めたのは60年代からです。私が日本との絆《きずな》を深めていく時期は、あらゆる山や川が、どんどんコンクリートに覆われていく時期でもありました。自然が残る田舎でも、京都のような歴史的な街でも、首をひねりたくなる光景が増殖していて、それらを見るたびに、心の中には激しい抵抗感が湧き上がりました。でも、日本は世界の経済大国なのだから仕方ない。変化に抵抗したり、昔を懐かしんだりする方が、時代遅れなのかもしれない、と、自分自身を疑う気持ちにもとらわれました。

果たしてそうなのでしょうか。そこで、国際的な目線から建設業や土木のことを調べることにしました。すると、日本は他の先進国と違う道を歩んできており、建設の規模は桁違《けたちが》いだということが見えてきました。2002年にその成果を『犬と鬼』という本にまとめて出版しました。しかし、『犬と鬼』は官僚制の仕組みなど国家の構図について統計的にまとめた学術的な本です。日本の国土の変化を知るには、写真を使ってビジュアルに見せた方が効果的だと思い、90年代からは「美しき日本を求めて」というテーマで講演活動を行うようになりました。ポジスライドから始めて、途中でパワーポイントに変え、現在も全国を回って講演を行っています。講演を聞きに来てくれた人からは、「もっと多くの人に伝えてほしい」という言葉をかけていただきましたが、1人で膨大な講演データを本にまとめる作業は、なかなか進みませんでした。2000年代にジャーナリストの清野由美さんと出会い、清野さんに構成を担当していただくことで、書籍化の構想が進みました。その作業に5年もかかりましたが、ようやく本という形で出版されることとなり、長年の夢が叶いました。

これから写真とともにお話ししていくことは、そのような背景の中で、私が日本の各地でハンティングしてきた景観についてです。

第一章

細かな規制と正反対の眺め

―電線、鉄塔、携帯基地局―

京都とインドは親戚か？

日本は言わずと知れたテクノロジー大国です。戦後の日本は優れたテクノロジーの上に、奇跡と呼ばれる経済成長をなしとげました。テレビ、カメラ、家電製品、コンピューターなど日本製品には、常に最先端のテクノロジーが反映され、それらは世界中の市場から高い評価を受けました。

その高い技術力が日本の景観にどう反映されているかを、これから見ていきたいと思います。「先端技術」と言うと、どうしてもカメラや医療機器といった「モノ」が対象だと思われがちですが、景観作りも立派なテクノロジーの一つです。実際、建築の世界では、「景観工学」という名の学問があり、世界中の都市計画でゾーニング（用途別の土地使用）や、むやみな改築・改装の規制、建物の高さや建材と色彩の統一といった工学的手法が適用されています。

日本でも景観工学に関する学術的な研究は盛んです。ただし、欧米と異なるのは、その運用においてです。日本では条件がそれぞれに異なる場所でも、全国一律の規制で縛り、その単純で融通がきかない運用を景観工学と、とらえがちなのです。その結果、何が日本に出現しているかと言うと、こと細かな規制とは正反対の、煩雑な眺めです。

私は2004年から10年まで、京都で古い町家を改装した宿泊施設を運営していました。町家一軒をまるごと自分の家のようにして泊まれる形の宿で、外国からの旅行者も多く訪れました。ある時、アメリカから来た学生がいました。夜、京都に到着した彼が、朝、目を覚まして、頭上に電線が張り巡らされている町を見た時に、何と言ったかというと、「ああ、京都ってインドみたいな所なんですね」。うーん……。

京都では銀閣寺や金閣寺といった観光名所は、その敷地内は丁寧に景観が保存されています。東京の名所にしてもそうですよね。あるいは、古い建物が商業的に有効に使われているところもあります。しかし本来、景観というものは町並み単位で考えるものです。京都なら銀閣寺や金閣寺だけでなく、旧市街そのものが文化遺産です。なのに、京都でも町並み単位で文化遺産を保存しようという気運は、最近までほとんどありませんでした。

景観の保存・保全は、景観工学というテクノロジーと密接に関わっています。景観工学は建物のデザインだけでなく、インフラまでを扱います。中でも電線は、最も大きなインフラの一つです。

電線に関して言えば、世界先進国の景観工学では、地下埋設がスタンダード（標準）です。例えばスイスでは電線埋設ができない場合でも、「高圧電線の鉄塔は名勝の山の峰より高く建

いずれも京都の旧市街

てはいけない」とか「鉄塔の色は山に合わせる」といった景観への配慮がなされています。鉄塔も、電力会社の都合で無秩序に設置したりはせず、一つの「コリドー（通路）」に集約されます。

欧米だけでなく、今は北京、上海、香港、シンガポール、クアラルンプールと、アジアの都市も徹底的に電線埋設を行っています。いわゆる先進国の中で、電線の埋設が進んでいないのは日本だけです。率直に言いますが、日本は電線・鉄塔の無法地帯でもあります。

規制強化が必要な場合もある

話を携帯の基地局に進めましょう。建築物を管轄する役所は、細かい部分の規制に関しては

名だたる観光名所、三十三間堂の門前にある電柱

清水坂も、日本有数の観光名所だが、古都に見えるかというと……

田舎の典型的な風景。巨大な鉄塔が立ち並び、電線が錯綜している

熱心ですが、携帯基地局をどこにどう建てるのかという問題に関しては、まったく「お寝んね」の状態です。

アメリカにある携帯の基地局は、国や州、都市のレベルで環境や景観に対する影響を厳しく規制されています。カリフォルニア州では、各市ごとに基地局配置条例を設け、住宅街、商業地帯、公園や歴史的遺産などエリアを色分けして、それぞれのエリアごとにきめ細かくルールを定めています。アメリカでは、住民の反対運動や訴訟が絶えず起こっていますし、景観と健康に対する迷惑の償いとして、基地局に特別課税を行う自治体もあります。結果的に、基地局は簡単に作れなくなり、数が少なくなりますが、それでもカリフォルニア州民は携帯電話の電波には困っていません。なぜかと言うと、携帯電話の通信各社が協議して、一つの基地局を共有するようにしているからです。また、海外では景観を意識したさまざまな工夫を見ることができます。例えばカナダの道路を走っていると見えてくる高い木……これは実は木の形をした基地局（24ページ下の写真）なのです。こうしたフェイク（模造物）を作ることが景観を良くする一番の方法かは疑問ですが、少なくとも配慮は感じ取れます。

一方、日本ではどうでしょうか。住民の関心も低い中で、効率性や景観などとは関係なく、大量の基地局が今も各地に作られています。日本では21世紀になって規制緩和が叫ばれるよう

のどかな田園地帯だが、木の上からは鉄塔がのぞき、基地局があちらこちらに建てられている

木の形を模した基地局

になりましたが、逆に規制強化が必要な分野もあるのです。

独自の発展を遂げたニッポン流テクノロジー

先端技術を有する先進国としては、考えられない空白地帯が存在している。それが日本ですが、同時にここでは数々の「神話」が、心の奥で今でも深く信奉されています。

神話（1）

電線を埋設する工事費が高いため、特殊な地域以外は財政的に無理。

確かに電線の埋設にはたくさんのお金が必要です。海外では電線埋設は電力会社が行いますが、日本で電線を埋設する場合、その整備費用は行政が負担することになっています。つまり、埋設したければ地元の税金を使いなさい、ということ。

電線埋設を電力会社に義務付ければ、景観は見違えるほどよくなります。最終的に電気料金は少し上がるかもしれませんが、これまで税金で工事費用を負担してきた村、町、区という自治体レベルでの出費はなくなりますので、納税者の立場から見ても、よほど経済的です。

第一に、「コストが高い」という理由で埋設が難しいのであれば、財政面で日本よりはるかに弱い西欧諸国、シンガポール、香港、上海などで埋設が進んでいるのはなぜでしょうか。埋設工事の費用は本来、日本のみなさんが思っているほど高いわけではありません。天下りが関与する会社に工事が独占的に任され、かつ、硬直した時代遅れの規制によって、安価な埋設方式開発が妨げられているので、工事費用が本来の適正価格の2倍、3倍と、無理に高くなっているのです。

神話（2）
日本は地震国なので、電線は埋設できない。

日本が常に地震のリスクにさらされていることは周知の事実ですが、阪神・淡路大震災の時は、電柱や鉄塔が損壊して大きな被害が出ました。地下に埋設するリスクよりも、鉄塔倒壊のリスクの方が、ずっと高いし深刻です。

そもそも、この神話の前提としてあるのは「日本の国土は外国と違うから、できない」という思い込みです。それは「日本人の胃はアメリカ人と違うから、アメリカの牛肉は食べられない」「日本の雪はヨーロッパと性質が違うから、フランスのスキー板は危ない」など、一時期、お役所が輸入を制限した時の、笑い話に近い理不尽な理由付けと同じです。「日本は独自の……」と始まる話は大抵、「従来のやり方は変えられない」という結論で終わります。そして、その途中に述べられている理由も、大抵はこじつけです。

しかし、ここまで考えてきて、私はハタと思い当たりました。日本の景観テクノロジーが遅れているというのは、もしかしたら浅はかな先入観なのかもしれません。実は、この国には独自に発達を遂げた「ニッポン流景観テクノロジー」があるのではないか？

例えば観光名所に必ずある看板や広告とか、コンクリートの埋め立てとか、有名建築家によるモニュメント作品とか。世界のどの国も真似《まね》できない発想がそこにはあるのかもしれません。これから、その「ニッポン流景観テクノロジー」を、いろいろと見ていくことにしましょう。

第二章

「町をきれいにしましょう」

―看板と広告―

看板推進宣言の国

風光明媚《めいび》を売りにする観光地でも、日本では看板を抜きにした風景は存在しません。「○○ホテル」「○○食堂」「3キロ先、手打ち蕎麦《そば》」の類《たぐい》はもちろんのこと、「のぼらないで下さい」「危険物品持込厳禁」から「人権擁護都市宣言の町」「消費税完納推進の町」にいたるまで、日本の看板は実にダイバーシティ（多様性）に富んでいます。

例えば京都は、日本でも名だたる古都であり、景観に関しても多くの規制をかけている都市です。しかし、その中心である旧市街の駐車場の看板は24時間休みなく点灯しています。「古都にそぐわない看板はぜひ規制してほしい」と思っていたら、なんとこの看板は、規制後に設置されたということでした。そこには前章から続く「神話」が生きています。

神話（3）

看板が多ければ多いほど、経済効果が上がる。

「看板をなくしたら、お客が来なくなるじゃないか」とよく言われます。ある場合は、看板が親切にお客さんを導くしるべとなるかもしれません。しかし同時に、看板には「マイナス

これは名古屋近辺で撮った写真です。でも、福岡や横浜だと言っても誰も区別はつかないでしょう

経済効果」もあることを認識しないといけません。

　製造業の黄金時代が過去の話になった現在、日本の課題は今後、観光業をいかに育成できるかになります。観光業は、その土地に景観の美しさやロマンがあるか、その美しさとロマンを今に伝えているかによって、勝負が決まります。

　看板を規制し、景観の美しさを優先したことによって観光業が成長した例は国外にはたくさんあります。その一つがハワイです。ホノルル空港から高速に乗ってワイキキに行く道のりは、風景がすっきりしていて、何とも解放

古い町家の隣は駐車場。緑の看板に「P」、赤い旗に「最大料金値下げ!!」

感にあふれています。これからハワイですばらしい休暇が始まるぞ、と観光客が胸を躍らせる眺めです。看板のない景観は、1959年にハワイ州が大型看板の設置を一切禁止したからなのです。

大型看板を禁止してからハワイが経済不振に陥ったかというと、ご存じの通り、そんなことはありません。看板を規制した半世紀前からずっと、ハワイはあこがれの観光地のポジションを維持し続けています。円相場の上がり下がりによって変動があるものの、ハワイの人口ひとりあたりのGDPは日本とほぼ同じ水準で推移しています。また第七章でも述べますが、世界一の経済都市ニューヨークのマンハッタンでは、ブロードウェイのようなごく限られた繁華街を除き、三階以上に看板はありません。

つまり看板の乱立＝経済効果ではないのです。

試しに看板を小さくしてみたら……問題は何もなかった

看板神話があまりにも染み付いてしまったために、看板がその場の価値を台無しにするものだという認識が乏しくなっているのだと思います。周囲に溶け込んでいようがいまいが、悪目立ちであろうがなかろうが、とにかく目立てばいい。

そんな環境が当たり前になった中で、一度大きく掲げた看板を小さくすることには、大変な勇気と決断がいります。その勇気を発揮して成功した一つの例を取り上げてみます。

大分県の湯布院はまちおこしの成功例として全国的に有名です。かつては由布院駅に着いて、まず目に入るのは、右の眺めでした。

ところが、市民グループが大分銀行に「看板の高さを低くしてください」と要望し、同銀行がそれを受け入れて、左のように変えたのです。この1点だけで、駅前の印象はかなり変わります。また、大分銀行の経済的損失もありませんでした。

看板が氾濫《はんらん》しているどこかの都市と、景観がすっきりと美しい湯布院。私たちはどちらに行きたいと思うでしょうか？　問うまでもなく後者ですよね。

湯布院では市民の活動が実を結びました。同じく市民グループがまちづくりに取り組んでいる奈良県吉野町で、彼らが作った「モンタージュ」を「現状」と比べ、電線、電柱や看板がなくなると、どのように町が変わるのかを見てみましょう（36ページ）。

吉野も日本古来の美しさが残るいい町ですが、現実を見てみると看板や電柱でいっぱいです。その写真から、看板と電柱を取ってみると、風景がすっと変わります。残念ながら、これはモンタージュなので、今も現実の風景は右のままです。

湯布院（小さくした看板）

湯布院（元の看板）

吉野町（モンタージュ）

吉野町（現状）

看板問題を考える時、私たちは商業看板をイメージしがちですが、そのほかにも行政のスローガンや、観光地などでの誘導、禁止事項など、いわゆる「公共的」な看板は数多くあります。実は商業看板以上に、この公共的な看板が景観の「視覚汚染」を引き起こしています。そのような看板をもっと見ていきましょう（38〜39ページ）。

「消費税完納推進の町」――これは、一種のプロパガンダです。「人権尊重の町」「交通安全宣言の町」……などもその類です。

中国の毛沢東やソ連のスターリン時代の共産党を見ても分かるように、スローガンや呼びかけに囲まれても、人間はそれを本能的に無視します。つまり、こうした看板は空回りに過ぎず、何の効果もありません。

「きれいにしましょう！」という看板にいたっては、この看板自体が町を汚くしています。

ここにも日本における「神話」が作用していますね。

古都奈良の情緒を味わおう。一旦停止と５時終了は忘れずに

昔々の天平ロマン……に浸る前に最後まで注意事項をお読みください

下は芝生。本当に危ないんだからネ

カラフルな看板を置けば、風景のアクセントになるネ

これで、安心して子供を
花見に連れていけるわ

錆びて、かすれて、さらにきれい

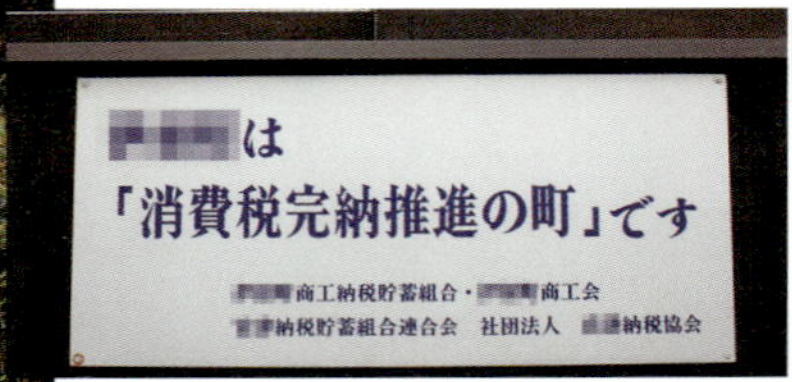

税金未納の町は、そのことを公表してほしい

看板を吊り下げるには、鳥居が実に便利

神話（4）

看板で細かく指導しないと、お客さんは戸惑ってしまう。

心静かに拝観したい神社仏閣に行っても、「あれしてはダメ、これしてはダメ」「こうやって観なさい」のオンパレード。何だか叱《しか》られてばかりです。

という皮肉をある講演で話したら、その講演を聞いていたお坊さんが怒って、私に言いました。「看板をお寺のせいにしないでくれ。看板を出さなければ、常識のない今の日本人は本当に変なことをするんだよ！」

そのお坊さんが怒る現状も分かります。お坊さんの言う看板の必要性も一理あるでしょう。しかし、世界の中で日本人が特別に非常識だとは思えません。行儀の悪さで知られているイギリスのフーリガン（サッカーの試合観戦で暴力行為を働く人々）ですら、歴史的な建造物は汚しません。ベルサイユ宮殿の庭園だって、世界から押し寄せてくる観光客でいっぱいですが、別に荒らされてはいません。日本の伊勢《いせ》神宮でも、参拝者が行儀の悪い行いをしている話は聞きません。その伊勢神宮には看板がほとんどありません。

注意の看板は逆の効果を喚起してしまうことを、肝に銘じなければなりません。相手を子供扱いにすると、人間はそれに応じて子供になってしまうのです。それよりも、「場所の品

人がたくさんやって来る神社の境内は、理想的な広告の場

神秘的な仏師「円空」の世界を求めて山奥にたどり着くと……

格」が持つ効用に目を向けるべきではないでしょうか。先日、オックスフォード大学の同窓会に行きました。学生時代に過ごしたベーリオル・カレッジの中庭は芝生になっています。長い歴史があるその芝生には、同系色の緑色をしたごく小さな看板が一つだけあり、「芝を踏まないでください」と書いてありました。景観を損なわない工夫だけでなく、芝生への「敬意」が感じられて、ここに立ち入る人は絶対にいないだろうと思いました。

ベーリオル・カレッジの中庭

伊勢神宮の境内は整然としているため、訪れた人はそれを心で受け止めます。境内の細部にも、景観への細かな配慮が行き届いています。例えば鳥居前の看板は、鳥居と同じ白木を用いて、伝統的な切り妻屋根を模した形ですし、消火ホースの格納箱も白木で作られています。このような気遣いを見ると自然に姿勢があらたまり、決しておかしな行動はしなくなります。

逆に、ゴタゴタと見苦しい看板だらけの環境になると、その場所に対する尊敬の念が生まれないので、人は粗雑な行動を取ってしまいます。「ゴタゴタに入れば、ゴタゴタに従え」という法則が発動してしまうのです。

伊勢神宮にある消火ホースの格納箱

「一つでは足りない」

日本には看板が一つでは足りないという原則もあるようです。その理由を私なりに考えました。

1　理解力：人間は頭が悪く、繰り返して言わなければ理解できない。

2　感覚の麻痺《まひ》：看板が氾濫し過ぎて麻痺が起きている。メッセージの重複が目に入らない。

3　移設・撤去のタブー：看板を設置した後は、二度と人の手が触れてはならない。

4　献納精神：看板の設置は献納を意味しており、春日《かすが》大社の灯籠《とうろう》や、伏見稲荷《ふしみいなり》の鳥居にも見られるように、より多くを設置することが徳を得ることにつながる。

5　シンメトリーの美学：右近《うこん》の橘《たちばな》、左近の桜……ひな

こと細かく言おう

何度も何でも言おう

敷地内禁煙

ベンチも張り紙もシンメトリーで安心です

飾りにも受け継がれているように、昔からシンメトリー（左右対称）の美学が大事にされている。

柵《さく》の中に絶対に入らないでほしい時は「柵の中に入らないで下さい」を左右対称に配置します。紅葉で美しい公園のベンチにも、左右対称に張り紙が張ってあります。「神話」とともにもう一つ、日本ならではの「美意識」が看板にも反映されていることには感心すら覚えます。

本来、公共的な役割を担うべきところに、商業的な要素まで持たせたものもあります。日本各地の名だたる文化財、国宝を背景に、真っ赤な文字で書かれている「ＨＩＴＡＣＨＩ」のシリーズです。

シンメトリーの美学

「ＨＩＴＡＣＨＩ」は神秘と文化を表すシンボルマーク

外国から来た観光客は、各地の歴史遺産を訪れた時に、漢字で書かれた神社やお寺の名前は読めません。彼らにとって読める言葉は唯一「ＨＩＴＡＣＨＩ」。京都に行っても、奈良に行っても、どこでもＨＩＴＡＣＨＩ、ＨＩＴＡＣＨＩ。「ＨＩＴＡＣＨＩとは、お寺や神社に共通する神秘を表す言葉なのではないか」という情報が、いつの間にか記憶にインプットされていきます。

日立は「タダで看板を提供して、社会貢献をしています」と言うかもしれません。だったら私も社会貢献をしたいです。京都の文化財の前で「Japan beauty spot, ALEX KERR」の看板を寄付したいと

いう思いはありますが、残念ながらそれは文化庁に許されそうにありません。なぜ、一企業の「HITACHI」だけが許されているのかは、私も分かりません。いずれにしろ、本当の社会貢献とは、会社や個人など寄付者の名前を出さないでやるものです。ですから、これは社会貢献ではなく、明らかに広告です。

日立にしても、クライアントとして、こんなに安上がりに宣伝できたことは、広告業界の教科書に残るべき名作戦と言えるかもしれません。

ここまで、さまざまな看板について触れてきました。私たちはホテルのロビーや公園、田んぼの中、鳥居や祭壇、高級レストランまで、ありとあらゆる場所でさまざまな形、色、字体の看板と出くわし、

目の休まるところがありません。そこにあるのは、相手が読もうが読むまいが、看板に書いてさえおけば、人は禁煙するし、町をきれいにする、ご多幸もやってくる、消費税も完納するだろう、という意識です。

　私は「看板を立てるな」と言っているわけではありません。しかし本来、看板とはニーズに合わせて設置すべきものです。看板の内容は言うまでもありませんが、色・大きさ・形状・素材・数量・字体などを洗練することで、それは最も適切なものになるはずです。その工夫はテクノロジーの一種で、つまり看板にも〝先端技術〟はあるのです。そのような工夫を無視して、ただやみくもに看板を立てれば人は従う、という思い込みが日本の町をどれだけ損なっているでしょうか。

投入堂

第三章

コンクリートの前衛芸術

―土木―

沈黙の中で土木工事が進んでいく

土木をはじめ建築の施工でも、日本の建設技術が世界でも類を見ないことは事実です。しかし、土木工事における「先端技術」とは、「環境に配慮して、簡素で周囲に溶け込む」ことが、本来あるべき方法のはずです。その観点から見ると、日本の「先端技術」は他国に優るどころか、実は大きな遅れをとっているのではないかと疑問が湧いてきます。

この章では「土木」の現場に、その例を見ていきたいと思います。

滋賀県にある「MIHO　MUSEUM」は、日本で最も美しい美術館の一つです。深山幽谷の山道を車で走って、ようやくたどり着くような、浮き世から離れた別世界です。そのアプローチを考慮して、建築家のI・M・ペイは、美術館

「MIHO MUSEUM」

が立地する山の地形をそのまま生かした設計を行いました。

そのMIHO MUSEUMに行く道の途中に、印象深い橋があります。赤く着色されたマンガチックなデザインは、人々の目を奪う存在です。そのデザインへの努力に、私は「アレックス景観賞」を設けたいとさえ思いました。「アレックス景観賞」は、土木構造物や建築物を対象として、「いかに奇抜なデザインで歴史や自然を圧倒しているか」が選考のポイントです。

となると、日本の公的な施設全般が受賞の対象になりそうですね。公的な施設は、「環境を否定してそれを凌《しの》ぐこと」「とにかく派手で目立つこと」がキーワードとなっている

「アレックス景観賞」候補の道路橋

のですから。

実はこの橋は、山奥で行われた工事のほんの一部です。近くに道路やトンネル、ピラミッド式の土砂置き場、斜面切り崩し、ダムなど大型の土建事業が広域に広がり、見事に山を変貌《へんぼう》させています。橋だけではなく、この一連の工事全体に「アレックス景観賞」が与えられるべきだと私は考えています。

道路橋は、単体で見れば現代デザインとしての面白みがあるかもしれません。しかし、環境との調和を考えると、周りの風土が持つ長年の歴史・文化や自然を完全に否定しているとも言えます。

深山幽谷、奥山のロマン街道

京都府亀岡市と大阪府茨木《いばらき》市の間に、きれいな川があります。観光庁の「ビジット・ジャパン・キャンペーン」のポスターになってもいいほどの場所ですが、視野を広げると、コンクリートの護岸が出てきます。

八ツ場《やんば》ダムや諫早《いさはや》湾干拓のような大規模事業への賛否については、メディアでもずいぶん取り上げられてきました。それでも中止できませんでしたが、国民に問題意識はいくらか浸透していることと思います。しかし、ここで見るような小さな工事は、メディアや国民の関心がほとんど届かないところにあり、沈黙の中で、1年のうちに全国で何千件、何万件もの工事が進められています。

護岸が必要な状況があるのなら、土木技術者には、工事の影響をいかに小さくして、どのように周囲と調和させるか、という腕前こそが問われるはずです。ドイツでは1980年代後半から、環境との調和こそが先端技術だと考えられるようになり、取り組みが進められています。

しかし、日本では土木技術は逆方向に進みました。これには三つの要因が考えられます。

1　予算が豊富にあり、かつ、工事後の経済効果を分析しないため、大きなものが容易に作られてしまう。

2　国民の多くが、公共事業を目の当たりにしても無視する。そもそもはじめから意識にな

自然豊かな日本への誘い

上の写真をもっと引いて見ると、コンクリート豊かな護岸への誘い

い。

3　もし意識にあるとすれば、逆に、自然そのものが時代遅れで経済発展と反し、奇抜で人工的なものこそが「経済発展」「文明」だと思っている。

その結果、写真で紹介したような光景が、全国津々浦々で見られるようになっているのです。

四国の山にある小川

そのそばに、頑丈な壁

ビッグシュール・ハイウェイ

これも「神話」のうちに入りますが、日本は「地震が多く」「山が険しく」「雨が多い」ために、山の斜面をピカピカのコンクリートで覆い、道路脇に頑丈な落石防護柵を取り付けるような工事になると言われます。しかし、本当にそうなのでしょうか。日本と同じように地震の多い南カリフォルニアの「ビッグシュール・ハイウェイ」を見てみましょう。海岸線沿いに140キロほど敷かれたこの道路には、派手な土木構造物は見当たりません。自然に対する「尊敬の念」があれば、技術と工夫次第で美しい道路を作る方法はあるのです。

「あの小川の斜面にコンクリートを打とう」

日本の中央官庁は毎年、数兆円という公共事業の費用を税金から捻出《ねんしゅつ》します。そのお金は要・不要を吟味されることもなく、「補助金」となって地方の自治体に流れていきます。

谷間の沢が工事対象になります

もらう方としてみれば、さしあたって必要な工事はなくとも、お金を断ることはなかなかできません。そこで、「じゃあ、あの小川の斜面をどうにかしよう」という話になり、工事が始まります。

何しろ、そこには「雇用の確保」という、もう一つの大きな名目もあります。しかし、お金が適切に使われたのかをチェックし、評価する仕組みは機能していません。工事が終わったら終わり。

そういった過程が定着する中で、日本の土木工事は、大地を彫刻のように削るワザや、コンクリートの壁面を軍艦のように仕上げるノウハウなど、技術面が異様に発達することになりました。

四段スロット式の水路がしゃれています

汚らしい自然のせせらぎがきれいなU型水路に作り替えられました

幾何学的でとてもよいのですが、何故碁盤の目を途中で止めたのでしょうかね？

このタイプは特に人気が高く、「軍艦肌」と名付けてみましょう

「軍艦肌」のバリエーションとして、「十字型」もあります

U型水路の白い壁に、ブロックと鉄のマスが加えられ贅沢な仕上げになっています

謎の工事現場。ジェームズ・ボンドの悪役が潜む秘密基地なのでしょうか

「田園俳句」を一句——せせらぎや、コンクリートに染み入る蟬の声（『奥の舗装道』より）

こうした工事は山と川に留《とど》まらず、さらに海にも及びます。海岸線では、高度経済成長時代から現在にいたるまで、テトラポッドが設置され続けています。

テトラポッドの設置は、海岸の浸食を防ぐことがそもそもの目的ですが、設置していない別の場所が浸食される、という事態を招いています。アメリカでは研究によってテトラポッドの問題が分析され、ある地域では設置が禁止されて撤去作業が進められています。一方、日本でテトラポッドが撤去されたという話は聞いたことがありません。

「童謡」——海にテトラを浮かばせて、行ってみたいな、よその国

バラエティに富んだデザインは技術の証

全国に出現するツギハギ芸術

公共事業は総括的なビジョンがなく、断片的に進められていることが特徴です。

日本の行政は「年度制度」で縛られています。予算が1年ごとに組まれているため、工事は数年（大きな工事では数10年）にわたって分割して行わなければいけません。工事を長引かせるほど、ゼネコンや自治体、または発注している中央省庁の官僚が利を得るため、関係者は工事の長期化に依存するようになります。

しかし、5年、10年、20年……と続いた工事は、やがてツギハギのようになります。

また、景観配慮はそもそもありませんの

古都・京都の郊外です

で、ある一つの場所にコンクリートの構造物が作られた数年後に、形も建材も用途もまったく異なったものを張りつけることになります。ツギハギが発展してゴミゴミ、ゴタゴタという景色に成り変わっていきます。

手当たり次第に工事が進んだ結果、日本人は自然の中に住むのではなく、コンクリート構造物の中、場合によっては、それに乗っかった形で生活するようにもなっています。

その風景には、ゴミゴミとしたものもあれば、滋賀県の道路橋のような、大胆で斬《ざん》新《しん》なデザインの構造物もあります。こうしたものを作っていくことによって、国土が

ここでクイズ——コンクリート模様の種類を数えてみましょう

設計者が「これがすばらしい！」と判断した時の、喜びの顔が目に浮かびます

気分転換に大都会のコンクリートジャングルを抜け出し、緑の山道を走ってみよう

抽象芸術に変わっていきます。

先進国が環境への影響に敏感になり、コンパクトな土木工事を目指す時期に、日本は大きく、太く、厚く、真っ白にピカピカ光らせて、できるだけお金をかけたものが偉大な技術なのだ、という錯覚に陥りました。奇抜で巨大な土木構造物は、後進国では「それこそが文明」と喜ばれます。しかし、日本以外の先進国では数10年前から方向性が変わり、自然と歴史環境、美観に配慮し、かつ費用も規模も極限まで抑える技術の研究が進んでいます。日本の技術は数10年前の技術を拡大しただけで、先進国が追求しているような新しい技術は取り入れられていません。皮肉なことに、世界に冠たる日本の土木技術は、巨額の税金を使って技術を磨き抜いていくうちに、世界の潮流から遅れてしまったのです。

わが家は絶壁の上で絶景

わが家は三角お山の上、どうだ！

ああ〜、河川工事の流れのように、穏やかにこの身を任せていたい

日本の仕組みには、「老朽化したダムを撤去しよう」「必要ない道路建設をやめよう」「護岸工事を最低限に小さく抑えよう」という発想はありません。大きく作ること しかメニューにないので、極めて単純な構想、一種の「空」の中で企画が進みます。「空」ですから、今度は面白くおかしなデザインに走ります。土木が進んだ挙げ句、お遊びたっぷりの前衛芸術という分野に発展してしまいます。

巨大なスケールの公共事業

を見ると、それを作った官僚がいかに自由に絵を描き、その絵に莫大《ばくだい》な予算が制限なく費やされたのかが分かります。橋梁や水路は官僚という「巨人」が弄《もてあそ》ぶ「おもちゃ」とも言えますね。

国土全体が前衛芸術の「土木インスタレーション・アートギャラリー」に変貌していくことは、アートだと思えば面白いと言えるかもしれません。しかし、元は自然の山や谷だったことを思うと、寂しい気がします。

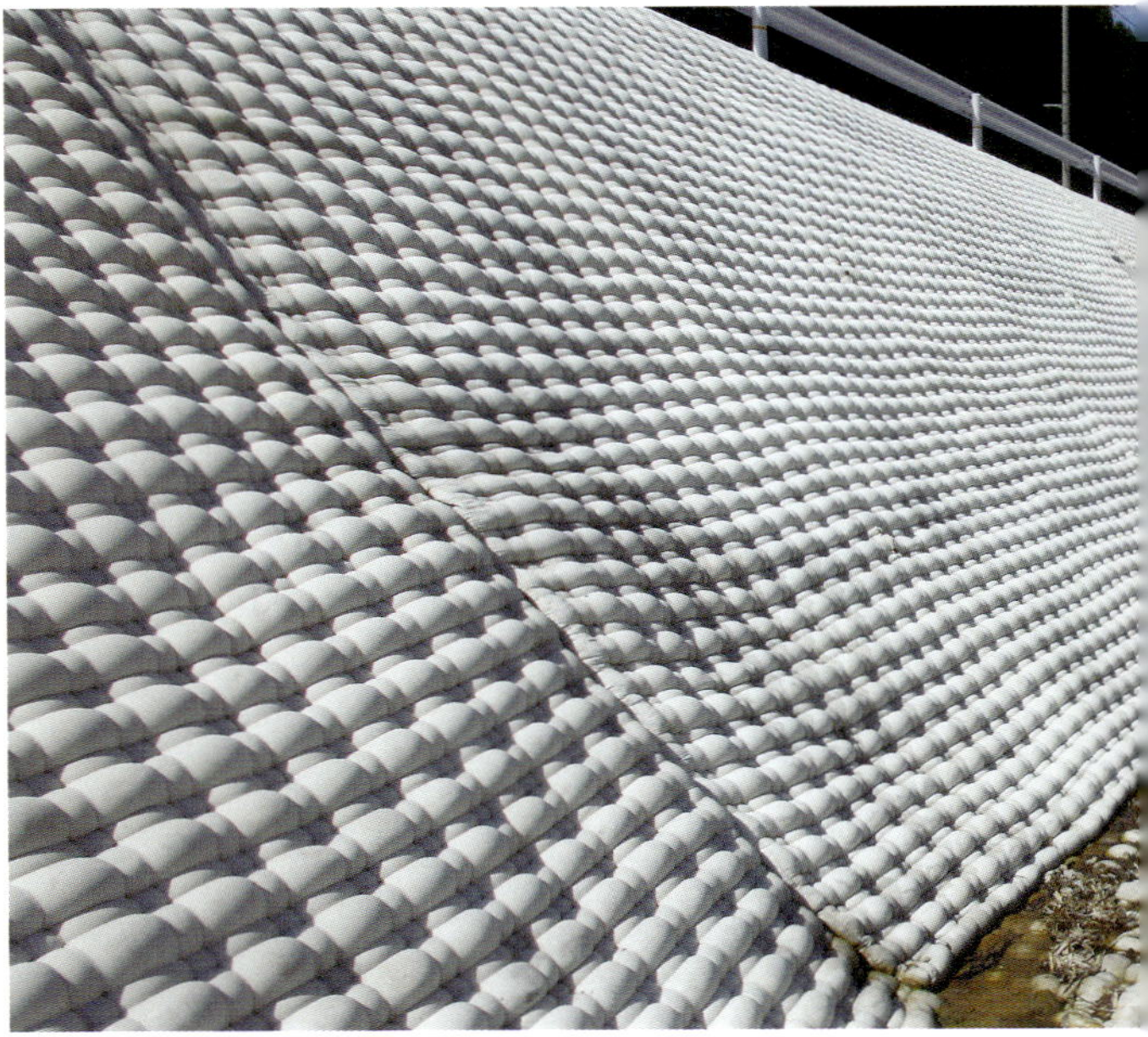

作品1「白色の美学」

作品2「湖中の華舞台」

作品3「アルファベット進化—— UVW」

作品4「ガンダムの滝」

作品5「家が昇り降りする便利階段」

作品6「アルキバ星から来た宇宙船」

１９９２年にできた「奥出雲《いずも》おろちループ」は先駆的な例です。一つの山の周りを二重に巻いた道路が走り、大きな鉄筋の赤い橋が架けられていて、それが日本神話に登場する「八岐《やまた》の大蛇《おろち》」にたとえられています。

宣伝文句には、「『奥出雲おろちループ』は、雄大なループが八岐の大蛇のとぐろを巻いた姿を想像させてくれる」と謳《うた》われています。このように、観光促進の名目も持たせていましたが、実際に観光客誘致に大きな効果があったかは疑問です。

規模の大小はあるものの、造形的にインパクトが強いループが日本各地に作られています。

奥出雲おろちループは、周辺の木が茂ったことが景観的に少しは救いになっていますが、奥秩父《ちちぶ》にあるループ橋は、宇宙的ともいえる造形が露《あら》わになっていま

奥出雲おろちループ（案内板）

す。

　最近の公共事業では、コンクリートの表面に苔《こけ》や草が簡単に生えないような加工が進んでいます。周りを壁やフェンスで囲むことで、木やツタが道路の近くまで伸びないようにできていますから、新しいループは自然の生命力に負けることなく、永遠に立派な人工物として輝き続けることでしょう。

　ちなみに奥出雲、奥秩父は交通量が少ない場所で、このような大掛かりなループ橋を建設する必要はありません。「芸術至上主義」とはこんなことでしょうか？

　日本では残念ながら、まだ不完全な下水道工事や電柱・電線の埋設、歴史的な町並みの保存といった、地味な工事にお金が流れず、おろちループのような、社会的ニーズがない派手な構造物の方に、国民のお金が

奥秩父のループ橋

費やされています。

1993年に出版した著書『美しき日本の残像』で、私はこんなことを書きました。

「人類が宇宙に移り住む時代が来たら、日本人は一番スムーズに宇宙の生活に慣れるでしょう。他の国の人たちは、時々自然の森や生まれ故郷の美しい町並みを思い出して、地球に帰りたくなる。けれども、日本人は日本を思い出してもアルミサッシ、蛍光灯、空にそびえる鉄塔、コンクリートとガラスの町しか思い浮かばないので、月での生活とそう変わらないはずです。気持ちよく月の暮らしを続けていくでしょう」（要約）

別の惑星から送られてきたような土木構造物が全国各地に増えつつある今日、予言もあながち的はずれではないな、と思います。

歴史の継承は時代遅れ、埋め立て・架橋こそが最先端！

日本の景観に対する考え方を象徴するのが、広島県福山市の「鞆《とも》の浦《うら》」です。

鞆の浦は遣唐使時代からの歴史を有し、「雁木《がんぎ》（船から陸揚げを行うために、船着場に設置された階段状の構造物）」「焚場《たでば》（満潮時に船を引き寄せて、干潮時に船底を木の葉で燻《いぶ》したり、修理をしたりする場所）」「常夜灯」といった、江戸時代の港湾施設が残る日本で唯一の場所です。

１９８０年代に広島県と福山市が、この港を埋め立てて橋を架ける計画を策定しました。以来、その是非をめぐり、30年にわたって景観論争が繰り広げられました。

工事によって鞆の浦がいかにすばらしく変わるか、広島県がそれを国民にアピールするために作った埋め立て後の未来像のモンタージュを見てみましょう（84〜85ページ）。

２００９年10月、広島地裁は鞆の浦の景観を「国民の財産であり、勝手に壊してはいけない」と指摘し、着工前工事の差し止めを命じる、という画期的な判決

「鞆の浦」

（現状）弓型の砂浜は古くさいですね

（埋め立て後）あー、これですっきりしました

（現状）釣り舟が寄せられている港は時代遅れですね

（埋め立て後）現代的になってよかった！

を出しました。

県は控訴してその判決に抵抗しましたが、2012年6月に湯崎英彦・広島県知事が計画の中止を発表しました。

一方、福山市はいまだに諦《あきら》めていません。このような工事は、不況下の公共工事需要の名目で復活するおそれがあります。ちなみに、この景観を壊してしまうようなことは、観光立国として旗揚げしている国、いや、先進国ではそもそも考えられない行為です。しかし、鞆の浦はそのうち埋め立てられるのではないか、と私は心配です。

八ッ場ダムや諫早湾の事業でも分かるように、一度できた公共事業の計画は、途中で何10年も放置されても、社会のニーズが大きく変わっても、永遠に続くものです。よもや財政がパンクしようとも、不滅のものです。そのしぶとさは、映画「ターミネーター」のロボットを思い出すほどです。炎に焼かれても、手足を切られても、どこまでも這《は》いつくばって追いかけてくる姿に重なります。

みなさん、「鞆の浦」を見たいのなら、まだ昔の姿を留めているうちに、ぜひ行っておいてください。

♪アスファルトでランラン、すてきなユートピア♪

2002年に『犬と鬼』を執筆した時に、私は日本と他の先進国の建設事情を調べて比較しました。国の予算のうち、土木、建設が占める割合は、アメリカが8%、ヨーロッパでは6〜7%でしたが、日本は40〜50%となっていました。土木、建設に関する雇用は、アメリカでは全雇用のうちの1%未満で、日本は12〜14%でした。桁違いです。1年に敷き詰めるコンクリートの量でいうと、日本はアメリカのなんと33倍でした。おびただしい量のコンクリートが、日本の山、川、海に流されていたのです。

土木、建設に使われているのは、巨額の国家予算だけではありません。大学の先生、都市開発コンサルタント、政治家、建築家、芸術家に至るまで、日本のエリートと言われる人たちの人的エネルギーも、過去半世紀にわたって費やされ続けてきました。

鞆の浦埋め立て工事のモンタージュ写真のポイントは、埋め立てと架橋によって、鞆の浦の歴史的な風景が「殺風景」と化してしまうところにあります。つまり広島県では、殺風景こそがすばらしい景観であり、国民に歓迎されるものだと考えられていたわけです。そこには、「コンクリートやアスファルトで、自然や歴史遺産を覆ってしまうことが文明発展である」と

旧・建設省制定の歌「ユートピア・ソング」

みなす考え方があります。

実は土木問題を研究した際に、「ユートピア・ソング」という旧・建設省制定の歌を見つけました。私はこの詞が大好きなので、みなさんと一緒にぜひ歌いたいですね。

♪山も谷間もアスファルト
ランラン　ランラン
ランラランラン　ランラン
素敵なユートピア♪

この歌は1950年代に作られたもので、アスファルトがまさしくユートピアを象徴するものだったのです。

ここで私が言いたいのは、中央省庁の官僚が特に悪い、ということではありません。全国民が戦後からずっと、この歌を歌い続けている状態なのです。

公共事業は「足し算」ではなく「引き算」で

本書の第一章、第二章で述べた問題にも共通していることですが、私が論じているのは、「携帯電話の基地局を建ててはいけない」「看板はダメだ」という単純な話ではありません。インフラの建設や看板の設置が必要な場所は当然あります。ただし、それには適切な整理と管理が欠かせません。

社会が必要とする施設を作る、そうでないものは作らない。施設を作る場合には、周辺の環境に与える影響や経済効果を調査して、きちんと分析する。また、老朽化した不要な施設は取り壊して撤去する。それらの仕事を、国内での慣習的な発注工事だけに頼るのではなく、諸外国の技術も巧みに取り入れて行っていく。それこそが先進国のあり方です。

公共事業にお金をばらまくと、経済対策効果は確実に出ます。その意味で、私は公共工事を減らすよりは、増やす方がいいと思っています。

良し悪しは別として、日本の経済が建設業に依存してしまっている現状がある以上、急に補助金付きの公共事業をやめれば、致命的ともいえる社会混乱に陥ることでしょう。

ただし、公共事業はもう50年来「自動操縦」になっていて、何かを作るなら、高速道路、林道、ダム、新幹線、護岸工事、といった決まりきったパターンに固まっています。それより、社会が本当に必要とするものにお金を投じ、「中身」を変えることが重要です。

これからの公共事業で大きな課題となるのは、「足し算」より「引き算」です。その観点で見れば、電線の埋設も、不要な施設の取り壊し・撤去も、巨額の費用が必要で、かつ、たくさんの雇用を生む事業となります。

実際、アメリカでは、この数10年で数百の不要なダムを取り壊しました。しかし日本では取り壊し作業はほとんど顧みられず、その結果、各地に醜い構造物、錆《さ》びた看板、閉鎖した工場などが溜《た》まり、実に殺伐とした汚らしい光景が広がっています。日本は戦後の約70年で、見事なまでに国土を汚してしまいました。

今後は、取り壊し・撤去、管理といった「大掃除」の時代です。欧米では、こうした「掃除」の技術がずいぶんと進み、実効性のある公共事業になっています。世界に通用する先端技術を用い、社会のニーズに合った公共事業を行えば、健全な国土づくりは可能なのです。

第四章

人をビックリさせるものを作る力

―建築、モニュメント―

景観をダメにした「先生」たち

北九州市の「門司《もじ》港レトロ地区」は、文字通り、地域のレトロスペクティブ（懐古的）な景観を生かした、近年の観光再開発として注目されています。

明治時代に栄えた一帯は、木造建築の「門司港駅」をはじめ、レンガや石造りの商館が当時の面影を伝えています。

１９９８年にこの地区に建てられた「門司港ホテル」は、イタリア人建築家のアルド・ロッシの設計です。このエリアの歴史的な特徴を用いて、新しい建物でありながら、昔からの雰囲気も伝える建築になっています。

では同じエリアで、日本の建築家が何を作ったかというと……。

門司港ホテル

国際友好記念図書館

旧大阪商船。このようにレトロな建物が残っているのだが……（次ページへ）

門司港レトロハイマート（もちろん後ろのビル）

黒川紀章《くろかわきしょう》さんが設計したタワーマンション、「門司港レトロハイマート」です。もうレトロなんて関係ない、レトロより賞を獲《と》ろう。こういうものが、日本の建築業界では、立派なものとされています。

建築家の才能とは、大きくて奇抜なものを作ることばかりを言うのではありません。大きなものを作りながら、いかにそれを周囲の景観や歴史とつなげていくか。その課題を考慮しながら、創造性も発揮する力量こそ、建築家の存在意義であるはずです。

実際に欧米では歴史的建造物のリノベーション、または現代デザインの中に周辺の歴史環境を取り入れる領域が、建築工学という学問の中で発達しています。

例えば、古い建物のリノベーションで有名になったロバート・スターン氏は、アメリカでトップレベルのイェール大学建築学部の学部長に就任しています。一方、日本ではリノベーションはほとんど研究されておらず、マイナーな分野と目されているため、リノベーションの専門家が日本の建築学会のトップに上がることは難しいでしょう。このような中で、アルド・ロッシというイタリア人建築家が活躍したのです。

日本では、人をびっくりさせるものを作る力が、すばらしい建築家の条件だとみなされてきたようです。周辺環境を無視するだけならまだ救われますが、そうではなくて、周辺の自然や歴史環境をぶち壊すことこそが「現代的」で、「斬新」で、「創造的」、そして皮肉にも「国際的」だとされています。そうした背景の中に黒川紀章さんの建築があるのです。日本の景観をダメにした責任の一端は、「先生」と言われている建築家にもあると思います。

宗教と現代建築

島根県にある出雲大社は、建国神話の登場人物である大国主命《おおくにぬしのみこと》を祭った神社で、創建は古代と言われています。神無月《かんなづき》と呼ばれる10月は、ここだけ「神在月《かみありづき》」と呼ばれ、八百万《やおよろず》の神々が出雲大社に集結します。伊勢神宮よりはるかに古い創建で、ある説によると日本最古の神社とも言われる出雲大社には、崇高な自然信仰の精神があり、「大社造《たいしゃづくり》」と呼ばれる建築様式に見られるような、優雅なたたずまいが残されています。

神代にまで遡《さかのぼ》る神秘的な由来を胸に、出雲大社を訪れてみましょう。きっとここでは、いにしえとの出会いがあるはずです。

しかし、残念ながら、参道を歩くと記念碑やオブジェだらけで機関車までがディスプレイされていて、「アミューズメントパーク」となっています。

参道を抜け、いざ本殿の前に立ってみると、確かに美しい屋根と、あの有名なしめ縄を見ることができます。しかし、そのすぐ横には本殿にも引けをとらないインパクトを持った鉄筋コンクリートの社務所が、どっしりと構えています。

そこには神の世界も神秘性も何もありません。しかし喜ばしいことに、この社務所は1963年（昭和38年）に「日本建築学会賞」を受賞しています。いにしえとの出会いはありませんが、受賞建築との出会いがあるんですね。

古い神社が新しい建物を建ててはいけない、と私は言っているわけではありません。実際、新しい建物を建てても、全体の調和が乱れないこともあります。

例えば伊勢神宮は、神社にしては珍しく、境内を厳格に管理しています。看板一つ見ても、

いにしえとの出会い——出雲大社社務所

「偏在の場」——奈義町現代美術館

設置位置・素材・字体などに気を遣っています。

2012年に外宮の敷地内に「せんぐう館」を新しく建てましたが、これは本殿から離れた場所にあり、森と池に囲まれているため、目立たなくてすっきりした現代建築になっています。建築物への気配りがあるので、それによって伊勢の神々しい聖地としての空気が守られています。

つまり、宗教的な環境と現代建築は、やり方次第で共存できるということです。

意味不明の説明文句

1994年に完成した岡山県の「奈義町《なぎ》現代美術館」は、磯崎《いそざき》新《あらた》さんの設計です。

モスク？　いえ、対馬市公会堂です

当時の奈義町の税収の3倍にあたる16億円の建設費を投入して建てられました。
　この美術館は「過疎化の進む町を救おう」という目的で建設されました。
「『太陽』の部屋」と名付けられたトンネル状の建物が、美術館の中にあります。その内部の壁には、プラスチックでできた龍安寺《りょうあんじ》の石庭が張り付いていて、「偏在の場、建築的身体」というテーマが設定されていますが、残念ながら、プラスチックの龍安寺を見たり、「偏在の場」を体感したいがために町に残る若者はおらず、過疎は進んでいます。しかし、これは現代アートですから尊敬しないといけませんね。
　上のモスクのような建物は、長崎県の離

島、対馬《つしま》市にある公会堂です。90年に完成した時は、まだ平成の市町村合併の前でしたので、長崎県対馬の豊玉町という、人口三千人の小さな町が、18億円を使って建てました。

門司港と出雲大社は歴史環境を壊し、奈義町と豊玉町は過疎問題と無関係に建築物を建てました。

どの建物でも、建築家は奇妙な哲学や説明文句で、それを裏付けようとします。奈義町のプラスチック龍安寺は「偏在の場、建築的身体」ですし、豊玉町のモスクは「ゲーテアヌムの〝霊的建築〟」の要素を反映した、などとも言われています。

恥ずかしいことに私は不勉強で、これらの言葉の示す意味が、さっぱり分かりません。

モニュメントを作る原動力は、建築家のエゴイズムだけではありません。地元の強い要望も、そこには反映されています。「レトロ」と言いながら、レトロのままでは物足りない。「いにしえ」と言いながら、素朴な建物では満足できない。そこに奇抜で現代的な何かを持ってこないと、今の時代にアピールできないんじゃないか、という不安が、レトロでも、いにしえでもない建造物を生み出します。

そんな思い入れに応《こた》えて、行政が一所懸命走ります。バブル時代以降、行政は日本の各地で「○○タワー」「○○ホール」と呼ばれるものを計画し、作り続けています。

右が海峡ゆめタワー（下関）

1996年に下関《しものせき》にできた「海峡ゆめタワー」は、山口県と同県の財団法人が1996年に作った「山口県国際総合センター」の一部です。数年後、関門海峡の対岸の門司港にレトロハイマートができたことで、二つのタワーが海を挟んで対になりました。観光客にとっては「ゆめ」でも何でもないものですが、官僚あるいは、行政にとっては「ゆめ」のタワーなんでしょうね。

随筆家の白洲正子《しらすまさこ》さんは、古美術・書画骨董《こっとう》コレクションや、『かくれ里』のような魅力的な田舎の見方において、私にとって実に怖い師匠でした。その審美眼の厳しさには、いつも背筋が伸びる気がしたものです。

その白洲先生のご自宅の玄関に、103ページに載せた短冊が飾ってありました。

昔、中国の皇帝が宮中の絵師に、「何が描きやすいか」と聞いたところ、「犬や馬は描きにくく、鬼は描きやすい」と彼が答えた、という『韓非子《かんぴし》』の中のエピソードに因った言葉です。

つまり、犬や馬のように身近にいる平凡なものは描きにくく、グロテスクな想像上の産物は描きやすい、ということです。白洲先生は笑いながら「椿一輪を活《い》けることはなかなかできないことですが、モンスターのような〝生け花〟はどの家庭夫人でも簡単に作れますよ」と、言っておられました。

景観についても同じです。電線埋設、看板規制、歴史的な町並みの保存、大学や病院の整備、老朽化した構造物や看板の撤去など、そのような「犬馬」、つまり地味なことには目が向けられず、その代わり、奇抜なハコモノは、どんどん建てられる。バブル期以降、各地でそのような「鬼」が増殖しましたが、一方、静かで目に見えない「犬馬」の部分は手が付けられなかったのです。

私は建築家によるモニュメントを、すべて否定しているわけではありません。むしろ、人間の持つ創造力を発揮するためには、新しい建築は大いに必要とされるし、優れたものは評価されるべきだと思っています。

私が問題にしているのは、建築家の作品が、「その場所にふさわしいか」「用途・目的に適しているか」という基本的な検証がされずに、予算ありきの中で建てられていく、その構図です。

犬馬難　鬼魅易（ケンバムズカシ　キミヤスシ）

「偏在の場」「ゲーテアヌムの〝霊的建築〟」はどうでもいいのです。「格調ある神社の社務所」「過疎対策」といった本来の課題に向き合い、適切な用途を担った現代建築ができることこそ、評価されるべきです。

第五章

ピカピカの「工場思想」

―工業モード―

日本のお寺の庭は「汚い」のか？

京都の木津川《きづがわ》市に「浄瑠璃寺《じょうるり》」という、私の大好きなお寺があります。ここの庭は日本庭園のようにきっちり整えられていなくて、自然のままのたたずまいです。雑草も茂っていますが、そこがかえって心地よく、訪れると気持ちがほっとします。

しかし今の日本の感覚では、このお寺は「汚い」ということになってしまうかもしれません。戦後から工場でモノを大量生産することが国の主流となって、ついに政治、行政、教育、法律、金融制度、町並みにいたるまで、あらゆる社会の仕組みがその犠牲となってしまいました。

浄瑠璃寺の庭と本堂

戦後はついに、それが文化面にも浸透していき、美的感覚まで「工場思想」に染まってしまいました。コンクリートブロックのようなものが文明的だとみなされて、工場で仕上げたツルッとしたものばかりが評価される。日常の道具から住宅、駅、ホテル、レストランに至るまで「工業モード」が勝利したのです。

宗教の世界では、昔から神殿（教会、寺、神社、モスクなど）は贅《ぜい》を尽くした美の極みとして、地上天国を表現しています。しかし、オウム真理教事件の時に、私たちが見た彼らの神殿「サティアン」は、トタンのハウス、つまり工場のようなものでした。あれは、工業モードへの信仰も同時に表していた気がしてなりません。

工業モードは建物だけでなく、景観にも入り込みました。住宅の分野では、現在新しく建てている家のほとんどが、伝統的な木造建築とはかけ離れたものです。骨格こそ木材かもしれませんが、壁、戸、屋根、窓など、外から見える部分にはプラスチックやアルミ、あるいは正体不明なピカピカの新建材が用いられています。

自然素材は「不便」「汚れやすい」「耐久性に劣る」ということで嫌われているようです。

そういえば、町でやたらと見かける「安全」「危険」「注意」「立ち入り禁止」の標識や、道路沿いに光っている大きな商業看板も、工場にありそうな光景です。電柱、鉄塔、基地局、電

住宅地と工業団地の区別がつきません

新興住宅街

線だらけの町並みは、「住宅街」より「工業団地」のような雰囲気です。それも、現代的ですっきりとした工場ではなく、産業廃棄物になりそうな、古くて錆びた工場です。

文化的でない文化財修理

大きな文化財の修理には数年かかりますので、工事の期間中も、訪れる人にその場所の美しさと歴史的意義をできるだけ損なわずに見せることが重要です。例えば、アメリカの首都ワシントンDCで「ワシントン・モニュメント（ワシントン記念塔）」の修理が行われた際（1998年〜2000年）、建築家のマイケル・グレイヴズ氏はモニュメントの形に沿った仮設足場を特別にデザインしました。その足場は夜に美しくライトアップされ大変な人気を呼び、工事完了後も別の場所に移されて、美術品として展示されるほどのものでした。

2013年の夏には、ニューヨーク

ワシントン・モニュメントの仮設足場 © 読売新聞／AFLO

五番街で、由緒あるプラザホテルが外観の補修工事を行いました。この時、関係者は、ホテルの石組み窓の模様を、工事幕に巧みに描くことで、五番街とセントラルパークの景観への影響を最小限に留めながら、作業を進めたのです。それどころか、美しい工事幕それ自体が景観を面白くしてくれました。

こうした景観と歴史性に対する配慮を頭に置きながら、日本での文化財修理を見てみましょう。

まず、古い門や寺院を「トタンハウス」で囲います。工事が完了するまでの数年間、外観は鉄筋の骨組みと工事説明の看板になります。こうなると文化財もへったくれもありません。囲いの仮設が工事に不可欠なことは理解できます。だとしたら、ワシントン・モニュメントのように、仮設で

プラザホテルの外観を描いた工事幕

京都屈指の観光地、清水寺仁王門の工事。1999年からの約４年間で4000万人強の観光客を、鋼材で組まれた仮設が迎えました

ともあれピカピカになってよかった

ありながら、努力と工夫次第で外観を美しく見せる方法もあるはずです。

　文化財修理の時に文化的でない仮設を作ってしまう背景には、精神的な問題もあるように思えます。つまり、大きな工場を思わせる「トタンハウス」の方が、木や瓦《かわら》でできた元の寺院より立派で、技術的に進んでいて、文明的だ、という思い込みです。

　一般の観光客は日常から「工業モード」に慣れているせいか、神聖な場所、あるいは歴史的な空間に、どんなにみすぼらしい建造物ができても違和感を覚えないようです。例えば伊勢神宮は、あれほど自然素材と伝統的な宮大工の技術を大切にしているにもかかわらず、最近行われた式年遷宮の際には、やはりプレハブの鉄筋ハウスを仮設して作業を行いました。

街路樹に蔓延するヘンな病気

「工業モード」の製品は、人工的なプロセスによって生産されたものですので、自然が持つ「ラフな感じ」とは相容《あいい》れません。ですから、自然をすべて排除した無機質な環境こそが、「工業モード」にとっては「きれいなものである」という認識になります。

　かつて私がイェール大学で学んでいた時、キャンパスには多くの樹木がありました。それらの木々は自然な姿のまま、季節ごとに色や匂《にお》い、シルエットを変えて、学生たちの日常を彩っ

ぶつ切り、ちょん切り。日本のきめ細やかな庭園技術

てくれました。道路に散らばった落ち葉の美しさは、一生忘れられません。

　しかし、日本では街路樹の落ち葉が「汚い」ということで、枝落としをします。落ち葉を見る時、そこが京都のお寺の境内なら「わあ、きれい」という人でも、家の前の道に落ち葉が落ちてくると「許さない」になります。

　そのために、広い枝振りの木が存在しなくなり、暑い夏に木陰が少なくなります。町の通りに植えられている街路樹は、秋になると枝ばかりでなく、幹までバサッと切られることもあります。こうした「切断された」並木を目にしたアメリカ人の女性観光客が、私にたずねてきました。

木の邪魔な部分が排除され、スッカラカンできれいですね

上海では木が無造作に伸びています。早く枝落としの技術者を送りましょう

「日本の木には何かヘンな病気が流行《はや》っているの？」

道路に落ち葉が溜まると確かに大変ですから、もちろん管理は必要です。そのため、イェール大学のある町では、専用の「落ち葉清掃車」を定期的に走らせ、落ち葉を吸い上げていました。別にこの町が特別なわけではありません。樹木の管理にしても、無惨に枝や幹を切ることがすべてではなく、他にもいろいろ方法があります。

シンガポールでは、町中に見事な木々が生い茂っています。市の「庭園課」が街路樹を管理し、そこに働いている人たちは自然環境に興味があってその仕事に就くので、樹木への愛情があり、手入れを丁寧に行っています。

「自然を愛している」というスローガンを掲げている日本で、落ち葉がこんなに嫌われるようになったのは不思議に思えます。あまりにも現実とミスマッチなので、スローガンを修正した方がいいかもしれません。しかし、自然を愛さなくなったというのであれば、今の日本は何を愛しているのでしょうか。

ブルーシートと対の田園風景

「工業モード」の特徴は、カラフルな色にも表れます。真っ赤な字の看板、蛍光ブルーのホースやイエローのパイプ、オレンジ色の点滅照明などが思い浮かびます。それに比べて、田舎のくすんだ色はつまらないものですね。木の葉のオリーブグリーンや、田んぼの黄色がかった緑、土の焦げ茶、茅と瓦屋根の薄茶とマットな黒などは刺激が足りません。でしたら、家の屋根をスカイブルーのトタンで葺き、田んぼの中にビニールハウスをたくさん作り、大きな看板を立て、畑には白や黄色のプラスチック作業袋を置いてみましょう。調理レシピのように、そうした素材を田舎に取り入れてみると、たちまち日本の田園風景が現れます。

何よりも効果的なのはブルーシートです。あの色はどんなにきれいな田舎の風景も、即座に

ブルーシートのある風景

消滅させることができます。それをよく理解しているのはバリ島で棚田を営む人たちでした。彼らは数年前に、世界各地から観光客が来て、自分たちの棚田の写真を撮っていることに気付きました。しかし、観光客が使うお金はすべてホテルとバス会社に落ち、彼らには何のメリットもありませんでした。そこで一種の「スト」を起こし、観光業者がお金を払わなければ、棚田にブルーシートを敷いて田んぼを醜くさせる、と観光業者を「脅迫」したのです。その結果、観光業者は棚田のオーナーと協議して、お金を分け合うことになりました。つまり、日本の常識がバリ島では脅威となっているのです。

ブルーシートの代わりにエコシートを使った例

度々書いてきたように、このことも「ブルーシートが醜いのでシートの使用を止めましょう」という単純な論理ではありません。雨と太陽を防ぐためにシートが必要なことはあります。ただしその時でも、管理の技術と工夫によって様々な景観配慮の仕方があります。一番簡単なのは、日本でも売っている「エコシート」です。渋いオリーブ色のもので、防水効果はブルーシートと同じですが、見ばえはまったく異なります。

先日、私は久しぶりに京都の修学院離宮を訪れました。1655年に後水尾《ごみずのお》上皇が「農地は庭園だ」という先駆的な発想で作った名園で、庭の中に水田が含まれている

日本の田園風景

ことが世界的に知られています。行って見ると、棚田は確かにきれいですが、驚いたことに、ゴミゴミした農地の雰囲気はこの中にまで浸透しており、あちらこちらに作業袋、捨てられたトタンパネル、錆びたハウス、ブルーシートといった景色になっていました。残念ながら、「汚らしいのが日本の田園」という感覚がすっかり定着しているようです。

今現在も、杉植林が進んでいる

「工業モード」の象徴的な事例が杉植林です。戦後に始まった杉の植林事業は日本中で着々と進み、今や大都市圏の森林の半分近くを杉や檜《ヒノキ》が占めるようになりました。

杉植林は、1949年に設立された林野庁（当時・林野局）が、全国の山で自然林を伐採して用材杉を植える計画に乗り出したことが始まりです。その結果、日本の山は本来の生態系である広葉樹の自然林ではなく、杉の単一樹種にことごとく塗り替えられることになりました。

当初、杉植林には相応の理由がありました。戦争で焼失した住宅用に、木材を緊急で確保する必要があったからです。成長の早い杉は、間に合わせの木材として適切でした。

問題なのは、時代が変わり、杉植林の負の側面が浮上した時に、政策を転換しなかったことです。負の要素を考えましょう。

まず、単一樹種植林というモノカルチャーが自然環境にダメージを与えるということは80年代から世界的に知れ渡っていることです。杉林の中は暗くて、草も育たない「砂漠」のようなものです。自然林で生息していた鳥や動物たちは、やがてそこには住めなくなります。鹿《しか》や猪《いのしし》などが人里に下りてきて、獣害をもたらす原因となります。さらに、杉は根が浅いので、山の斜面に植えると、土が流れて山崩れやダムの土砂堆積《たいせき》を引き起こします。それによって山での工事、河川の護岸工事、ダム工事、ついには海岸工事のニーズが拡大し、山、川、海にコンクリートが敷き詰められるようになるのは皮肉なことですが。

杉は木材として品質の低いチープなものですから、市場で人気がありません。植林事業が進められた時、杉だけではなく、桜、欅《ケヤキ》、栗《クリ》、栃《トチ》など、多様な樹木を用いていれば、世界で売れる木を育てられたのに、そうはなりませんでした。

私は古民家再生の仕事でインテリアのプロデュースも行っています。その仕事を通して、「日本はこんなに山が多いのに、使える木がない」ということに気付きました。床材、壁材、家具、どれも高品質のものを使用するには、外材を輸入するしかありません。エルム（楡《ニレ》）やウォルナット（胡桃《クルミ》）のダイニングセットは世界中で人気ですが、杉のダイニングセットを喜んで買いたがる人は、ほとんどいません。

こうした状況下で、杉の使い途《みち》として唯一残るのは公共工事です。最近では売れない杉をどうにかしなければいけないことから、駅や学校など公共施設に杉を使わせる行政指導が進んでいます。木造建築が増えるのはよいことですが、結局、補助金で植えた杉を補助金で建てる建造物に使う、という補助金サイクルに迷い込んでいます。

補助金といえば、林野庁が抱えている借金は、旧・国鉄並みに巨額なものへと膨れ上がっています。また、何よりも現在、杉花粉が多くの日本人を苦しめています。花粉症に由来するアレルギーとアトピーの治療費だけを計算しても、実に膨大な経済ダメージになるはずです。

現在、林業が日本のＧＤＰに占める割合は、１％にも達しません。これを失敗と言わずに、何を失敗といえばいいのでしょう。しかし林野庁は、依然として巨額な予算を林道などに投資して、いろいろな形で事業を進めているのです。

日本の「三季」に誇りを持とう

杉植林による負の影響を、自然環境と経済の側面から取り上げましたが、文化面への影響も無視できないものがあります。北海道では杉植林が比較的少ないのですが、本州、九州、四国ではどんな山奥に行っても、杉しか見当たりません。

自然林は無駄なものだとし、山を工業用材で覆う政策が続けられている結果、絵や屏風に見られるような季節感が、日本から失われてしまいました。

「新緑」や、詩人が奏でた「桜」「桃」「柳」などは、すでに杉植林の山には見られません。その山は、夏は見渡す限り鬱蒼《うっそう》とした杉の濃緑だけです。若い人たちは自然林の華やかさと明るさを知らないので、暗い山しか経験していません。残念なことです。

杉には赤と黄色の葉っぱはないため、一面紅葉の景色を見ることはできなくなりました。日本の山に「秋」が来なくなってしまったのです。

山を杉の砂漠にしてしまったのは、やはり「工業モード」の勝利だと思います。無秩序に生

秋の紅葉はあっても、それはパッチワークです

紅葉のパッチワークすらない、杉だけの山

い茂る自然林より、列となって伸びていく杉の姿、つまり人工的にきっちりと整えた森林が喜ばしいのです。

日本では自国を紹介する時、キーワードとして「四季がある」という言葉がよく使われます。しかし、山では杉植林が、町では枝落としが、国土から「秋」をほぼ抹消したので、そろそろキーワードをアップデートしないといけませんね。これからは「日本には三季がある」ことを誇りにしていくべきでしょう。

紅葉を見たければ、看板で

第六章

人生は「ふれあい」

—スローガン—

「環境にやさしい」

これまで見てきたような大規模な工事現場のそばには、必ずスローガンが添えられています。

例えば山道を走っていたら、こんな工事風景に出会いました。近くには「人にやさしく、環境にやさしく」と書かれた看板が設置されていました。山をつぶして、大地を削る行為の、どこが人と環境にやさしいのか、と考えてみました。芝生のことかな?

役所が好むスローガンには流行りのキーワードがあります。1980年代には「文化」や「国際」といった言葉

ダム工事のスローガン

が人気で、90年代は「交流」「〜トピア」「環境」。2000年以降は「エコ」「夢」「癒《いや》し」。そして現在にいたるまで、圧倒的な人気を誇っているのが「ふれあい」です。

まず、人気ナンバーワンのキーワード「ふれあい」を、人間の人生に重ねながら追ってみましょう（128〜129ページ）。

「ふれあい」「文化」「交通安全」「人権尊重」「世界平和」「環境にやさしく」などなど……。実に多くのスローガンが溢《あふ》れています。残念ながら、いかに士気を高揚させるかのような言葉を掲げても、過剰な看板は視覚汚染の

そのダムの工事風景

子供の時は「ふれあいスクール」に通って勉学に励み、

大人になったら「ふれあいセンター」へ遊びに行く。

そこで好きな人と出会ったら、「ふれあい夕食会場」で一緒に食事をする。

さて、旅行に出かけましょう。「ふれあいバス」に乗って、

目的地の「ふれあいキャンプ場」を目指す。

通る道はもちろん「ふれあい通り」。

夜は「ふれあい入浴」でリラックス。

万一の時には「ふれあい交流トイレ」をご利用ください。

帰り道、「ふれあいトンネル」で対向車とふれあってしまいます。

「ふれあい接骨院」で治療を受けますが、

残念ながら最後は「ふれあい会館」での葬儀となってしまいます。

原因になります。フランス、イギリスなどはこうした看板を極力抑えているからこそ、文化的な要素を合わせ持つたたずまいを、風景に保っています。

景観へのダメージは別として、スローガンにはもう一つの興味深い現象が秘められています。看板などに掲げられた言葉を、人々がそのまま信じる傾向があるようで、そのため、スローガンは何か都合の悪いことを帳消しにするためのプロパガンダにもなります。国民は看板に書かれている言葉に惑わされて、現実を認識できなくなるのです。

例えば「天然紅葉」の文字を見ると、植林が国土に与えているはかり知れないダメージを忘れて、「まだ日本に健全な形で紅葉が残っている」という錯覚に陥ります。「環境にやさしい」というスローガンを読むと、内容にかかわらず、その公共工事が本当に環境を大事にしている、と思い込みます。その結果、経済状態は先進国の水準にありながら、社会的意識の成熟度は発展途上国のまま、という事態になります。国の深刻な問題が「スローガン」のマジックに包まれて、人々は正しく現状を見ることができなくなっているのです。

「仁義」がないから「仁義」を言う。「癒し」がないから「癒し」を言う

世界をまわっていると、それぞれの国が自分たちのイメージを語る時に、よく用いる言葉が

あることに気付きます。

例えばイギリスでは「フェア」や「ジェントルマンシップ」、中国では「仁」と「義」です。しかし、フェアでジェントルマンシップの国、イギリスは、今も世界に名だたる階級社会ですし、18世紀から20世紀にかけては、世界の3分の2近くを植民地として支配していました。

私は中国人との仕事も多いのですが、中国では、やすやすと人を信用すると大変な目に遭います。「仁」と「義」を重んじるはずなのに、油断できません。旧ソ連は革命で、「階級のない平等社会を築く」と高らかに謳いましたが、共産党の幹部が特権階級として贅沢三昧《ざんまい》な暮らしをした結果、庶民は本当に惨めな生活を強いられました。

インドでは、ヨガが象徴するように、「現世を超越した聖人の精神」が尊重されていますが、インドの日常生活は泥にまみれています。アメリカは「モラル（倫理）の国」と自他ともに認めていますが、暴力、麻薬、人種差別など、問題だらけです。隣国のカナダは、「自分たちはアメリカとは違う」と、ことあるごとにアイデンティティを主張しますが、食べているものから、見ているテレビ番組、言語の訛《なま》りまで、アメリカと変わらず、見分けがつきません。

つまり、それぞれの国は自国に一番欠けているものを、「自分たちが卓越している」として、他人にお説教をしたりしているのです。

私はその現象を「逆説的道徳論」と呼んでいますが、これを頭に入れて、日本のスローガンをもう一度見直してみましょう。

「癒し」というスローガンの多さにもかかわらず、「過労死」が社会問題となる国に、本当の癒しはありません。海外旅行に興味を持たない若者には「夢」もなく、英語能力は世界の平均的水準にも達していない。このような状況は決して「国際的」とは言えません。ピカピカの土木工事を最優先して、国土中の山、川、湿地帯、海岸がコンクリートに覆われてしまう国には「エコ」も「自然」も「環境」もない。

地方に行くと必ずハコモノの「○○文化会館」があります。近辺の自然が粗末に扱われ、歴史的町並みが壊されて、唯一残った「文化会館」が、その地域には文化がないということを証明しています。

まあ、文化はないかもしれませんが、ふれあいはたっぷりとあることでしょうね。

第七章

古いものは恥ずかしい

―町へのプライド―

できるだけ昔の町並みを否定したい

温泉街が不況にあえぐ中で、賑《にぎ》わいを見せている数少ない場所が九州の黒川温泉です。後藤哲也さんという先駆的な旅館オーナーに刺激を受けた旅館組合が、「自然を大事にしよう」というテーマで、派手な看板や歓楽街の雰囲気などを避けて、景観の向上に努めています。やっていることは意外と簡単なことで、橋を黒く塗り、周りの宿の壁を漆喰《しっくい》壁で統一したぐらいです。しかし結果として、これによって人気が上がり、ミシュランのグリーンガイドで二つ星をもらうなど、多くの賞を得ることになりました。景観パワーの表れです。

しかし、黒川でも皆が協力しているわけではありません。頑張ってきれいにした旅館がある一方で、周囲には不調和な建物も残っています。つまり、町の美化に対して無関心なのです。

無関心で終わるならまだよいのですが、日本の古い町にはもっと深刻な問題があると、私は思っています。それは古い町並みそのものに対する憎悪です。世界的に「美しい」とされている京都でさえ、それが見られます。

「京都」というと、私たちは奥ゆかしい木造の家が建ち並ぶ町並みを連想します。木の壁や、漆喰が塗られた壁、松の枝がかかった門をくぐると、その先には日本庭園。このような雰囲気

黒川温泉の橋

きれいになった温泉宿と、その対岸

を思い浮かべて、「ああ、京都だな」と思います。

しかし京都の人たちにとっては、そうした建物は「古くさい」。壊して現代的なものに建て替えて、家構えや色合いはできるだけ昔の京都を否定するものにします。その場合は、地味な色合いの古都とは正反対に、鮮明な色を使うことが現代的でよろしい。

例えばマンションのバルコニーをグリーンにする、玄関に真っ赤な装飾を付ける、家の壁をイエローに塗る。グリーンはコンクリートの壁を華やかに変え、赤やイエローのコントラストは、町並みの古くささを救ってくれます。あるいは、柱や格子など角張った木造建築の意匠から解放されて、無国籍デザイン

京都の街中にある古い建物

の民家を建てて、その軒先にアーチや丸窓を作る。

このメンタリティは根深いもので、ルーツは明治時代の「文明開化」にまで遡ります。西洋の進んだ技術の導入に伴って、自国の様式は軽薄で、海外から来たものは「現代的である」という概念が、この時に生まれました。開化された「文明」は、ハイカラな西洋文化でした。それ以降、現在にいたるまで、国民の深層心理には、「日本のものは時代遅れ、西洋のものは文明的」という思いが横たわっています。

それでも第二次大戦の終わりまでは、ある程度は日本文化に対するプライドも守られていました。しかし敗戦により、人々は日本の優秀さを信じることができなくなり、「新しさ」を一目散に追求するようになったのです。

古都の心臓に打たれた杭

京都には、もう一つの現象がありました。戦前は、京都の他にも伝統ある町並みが、全国各地にありました。中でも京都は優れた町でしたが、それでも「たくさんある町の中の一つ」だったのです。しかし、第二次大戦の空襲と原爆により、五十数ヶ所の都市が消滅してしまったので、京都は焼け野原の中に立つ「最後の古い町」になってしまいました。もっぱら新しさを

京都駅前に建つ京都タワー

追求する戦後の日本で、京都だけが古いまま残ったのです。開発の進む東京や大阪の発展著しい様子を、隣で羨《うらや》ましく見るばかりの京都は、その時から「自分たちは新しさに欠ける」というコンプレックスに陥ってしまいました。

そして1960年代前半。64年に東京オリンピックが開催されることが決まった時に、京都は大きなターニングポイントを迎えました。開通したばかりの新幹線に乗って、多くの外国人が訪れることが予想されたのです。当時、京都駅のホームに降り立って、真っ先に見えるのは本願寺の大きな屋根でした。その眺めはまさに「甍《いらか》の波」。しかし京都では「古いもの」＝「汚く、暗く、寒く、時代遅れで、恥ずかしい」ものです。そんな景色を見られたら、イメージが悪くなります。そこで、訪れた人をびっくりさせるような建物を作りましょうよ、ということになり、奇抜な形の京都タワーが駅前に計画されました。64年に完成した京都タワーは、今でいう景観論争のさきがけになり、建設時には50万人分の反対署名が集まりましたが、それでも京都市当局は計画を許可して進めました。

長い時間を生きるバンパイアというものは生命力が強く、昔の言い伝えでは、銀の杭《くい》を心臓に打ち込むことで、ようやく殺すことができます。

京都にとっては、このタワーが一種の「銀の杭」として、古い町の心臓に打たれたわけです。これ以降、京都の町並みはガタガタと崩れていくことになりました。

景観について考える時、議論は「壊すか、保存するか」という単純な二択になりがちです。しかし、京都の場合は、取り壊された建物の損失より、その代わりに建てた新しい建物の方が、より大きな課題となりました。

やむを得ない理由で、家を壊すことはあると思います。しかし、十分に歴史性を取り入れながら、新しい建物を同じ場所に作ることはできます。欧米の多くの町は、古いものを壊しては、昔の雰囲気にあった新しいものを作るという繰り返しによって、町の文化が蓄積されていきました。

一方、日本では家やビルを作る時は、周囲の伝統的な雰囲気と調和させるどころか、むしろ、いかに挑発的なデザインにできるかが重要になるようです。江戸時代からの立派な木造民家の周りに、鉄筋の箱や駐車場、プレハブ住宅を並べた「今の京都」ならではの町並みが、こうしてできあがっていきます。

家とは文化の表れです。町中にある民家やビルのグリーンやイエローの仕上がりは、何となくできたものではありません。そうすることで、「私たちは古くさい京都から脱却したんだよ！」と拡声器で近所に宣伝しているのです。

もちろんこれは京都に限ったことではありません。日本では多くの町が、受け継がれてきた歴史や伝統を抹消しようとしています。

どうしてそのようなことができるかというと、住民が自分の町に対してプライドを持っていないからです。ヨーロッパでたくさんの町が美しく残った理由は、観光促進が第一ではありませんでした。地元のプライドが高いから、変な開発を許さなかったのです。パリ、ローマ、あるいは私が通った大学のあるイギリスのオックスフォードなどでは、古い町並みの中に、突飛なグリーンやイエローの家、あるいは鉄筋の箱を建てようとしたら、地元で猛烈な反対が起こります。

しかし日本では逆に、ピカピカな金属を使ったものや原色塗り、材料は鉄筋とアルミが望ましく、立派なものとして求められるのです。

古い町の景観とは、規制で救われるものではありません。住民たちがその町を嫌いだと思えば、町並みは壊れていくのです。町へのプライドをいかに持っているのか、が決め手です。そのプライドを持つことができれば、建物は少々朽ちていっても町は末永く情緒豊かな状態で残ることでしょう。

太閤さまに、申し訳が立ちません

京都の町はすでに歯抜け状態で、古い町家の隣に秋葉原にあるような派手なお店があったり、空地や駐車場が氾濫しています。問題は「ゾーニング（地域の用途、特性によって建築物を規制すること＝地域計画）」にもあります。町の景観がおかしなものに変わっていくの

コンビネーション（Ⅰ）「町家と駐車場」

は、決して一般市民の感覚だけが原因ではなく、行政にもっと大きな責任があります。行政が手がけるゾーニングが、優れているか、いないかで、町の姿は大きく変わります。

昔から京都の中心部は「洛中《らくちゅう》」と呼ばれていますが、その由来は、豊臣秀吉が京の都の中心部を「御土居《おどい》」という土塁で囲ったことによります。その時に囲いの内側を「洛中」と呼んだことが、その後「洛中、洛外」の呼び名に発展しました。

御土居の配置は、東は河原町通、北は紫竹の加茂川中学校の辺り、南は京都駅付近、西は二条駅のラインで構成されていました。この「洛中」「洛外」という感覚が４００年もの間、京都では何となく続いて、今でも二条

コンビネーション（Ⅱ）「町家とパソコンショップ」

駅より西、京都駅より南に出ると中心市街地とは異なる雰囲気に変わります。

　さて、ゾーニングとは何なのでしょうか。伝統的な町を生かすには「古いものVS.新しいもの」の二極構造、つまり「古いもの原理主義者」になってはいけません。静かで心落ち着くところ、賑やかで気持ちが高揚するところ、先人たちの歴史を感じるところ、とさまざまな場面があることで、都市に命が吹き込まれるのです。

　例えばパリでは、18世紀から続く旧市街の景観に対して厳密な規制を行いつつ、ラ・デファンスという近郊の再開発では超現代的なまちづくりを行いました。パリは新旧の使い分けをして、どの時代でも世界中の人々があ

ラ・デファンスと旧市街　©AFLO

ブロードウェイ　©AFLO

こがれる先端都市であり続けています。

ニューヨークのマンハッタンは、三階以上に看板を掲げることを禁止していますが、ブロードウェイはその規制から外されています。パリやニューヨークはゾーニングの手法をうまく運用することで、都市をアップデートして、現在へとつないできました。

京都も、旧市街と山際の景観を守りつつ、他のエリアは自由に開発を認めるような、メリハリのある計画を実施すれば、パリやニューヨークに比肩する魅力を持てたはずです。京都駅より北の「洛中」を厳密に守り、「洛外」の敷地に上海に劣らない摩天楼ビルを作ればよかったのです。

ニューヨークの町並み。看板が見当たりません　©AFLO

小手先の規制で、本当に大事なことを失う

日本の都市では本格的なゾーニングは、ほとんど見られません。都市計画は高さ制限、建ぺい率、斜線制限といった小手先の規制だけがただ発達し、都市の景観を考慮した方策はおろそかにされ続けています。文化、歴史的資源が豊富な京都は、東京よりも世界的な都市になる条件に恵まれていました。にもかかわらず、都市計画や地域計画がうまく行われなかったため、町として中途半端なままです。現在の京都の景観の醜さは、古いものがなくなったからではなく、新しいもののつまらなさによるところが大きいのです。

先ほど記した文明開化の時代から尾を引いている「文明」の感覚が、建築業界に深く浸透しています。「古さ」は彼らが最も恐れているもので、設計士は必死に「新しさ」を追求しないといけません。多くのビルで奇抜な様式が見られるのは、このことが原因です。地味で周囲の環境とマッチしたものを作ったのでは、設計士、建築家の失敗とみなされてしまうのです。

京都は時として、滑稽《こっけい》なまでに町並みとの調和に反した建物を作ります。その一例が「京都市景観・まちづくりセンター」です。センターは、金属とガラス張りの「ひと・まち交流館京都」というビルの中に入っています。「景観」という名の付いた施設ですが、皮肉にも京都の

歴史を完全に無視した建物にしてしまいました。

京都タワーは「バンパイアの心臓への杭」でしたが、それでもまだ旧市街のバンパイアは生存しており、その後も京都市はずっと戦っています。「新しさに欠ける」というコンプレックスをもって、次から次へと面白い建物を企画し、展開していきました。「バンパイア退治」のプロセスとして、京都駅舎の設計を見ていきましょう。京都駅は1990年代の後半に、駅舎の全面改築という、100年に一度のチャンスを得ました。京都市は中心部に御所があり、烏丸通《からすまどおり》が南北を結ぶ軸となっています。その烏丸通の起点にあるのが京都駅です。

JR西日本は、安藤忠雄さん、ジェームス・スターリングさんら世界的な建築家が参加した大型設計コンペを実施しました。

「京都市景観・まちづくりセンター」が入るビル

例えばこの時、安藤さんは現代的な羅生門をモチーフに、100年近く遮断されていた駅の南北に道を通して、京都の町を一体化させる案を提出しました。羅生門とは昔、都の正門だった門です。コンペの応募案の中には、駅を三十三間堂のような長い建物にして、その屋根の下に電車がすっとタイムスリップのように入ってくる、歴史性を意識したアイデアもありました。大掛かりな審査を経て選ばれたのは、原広司さんによる現在の駅舎でした。町の南北を、完全に分断する巨大なビルです。

ゾーニングと景観配慮のなさ、町へのプライドの低さ、無秩序な開発、奇抜なハコモノの増加、硬直した建築規制のおかげで、日本はどの町も混沌《こんとん》とした状態で発展してしまいました。150年前から追いかけてきた「新しさ」の獲得に失敗した日本の姿は、何とも悲劇的です。高度経済成長の夢に浸《つ》かりながら、浦島太郎のように空白の時間を生きてしまったのです。

政治家や官僚が長く居眠りしている間に、外の世界はどんどん変わっていきました。今は世界の一流建築家が、古い町並みを現代的に再生する試みを、さまざまな都市において、さまざまな形で進めており、そうした研究は建築業界の最前線に位置付けられています。「歴史の否定」「古さに対する憎悪」「不適切なゾーニング」というものを根底に作られた、ゴミゴミした都会を国際的な目で見ると、新しいどころか、単なる時代遅れにしか映りません。

ここで、みなさんに課題を出してみたいと思います。

課題：１２００年の都、ありとあらゆる歴史と文化を、これ以上ないというほど否定した建物を自分で設計してみてください。

京都駅構内

京都駅舎

それでも京都に関しては、まだ比較的、手付かずの状態で歴史的な地区が残っているところもあります。幸いなことに、周りの山は開発から逃れ、自然の雰囲気を味わうことができます。

しかし他の町は、京都ほどの歴史資源を初めから持っておらず、周りの自然も保護されていません。都会はどこもそっくり同じになり、個性が失われてしまいました。

私は仕事の関係で日本各地を回っているのですが、その時はいつも、ホテルの窓から写真を撮ります。ここでもう一つ、今度はクイズです。

クイズ：以下の写真の都市名を当ててください。

5

1

6

2

7

3

8

4

9

10

11

12

13

14

15

16

正解は順に、1京都、2京都、3銀座、4広島、5佐世保、6山形、7新潟、8新宿、9大阪、10大阪、11東京、12東京、13奈良、14那覇、15福岡、16名古屋です。

順序を並べ替えて、もう一度見てみても、どこがどこだか、まったく分かりません。すべて殺伐とした景観です。

「混沌こそアジア」という自己嫌悪の思い込み

「もともとアジアは混沌とした景観が魅力なのだから、日本の町はこれでいいのだ」と言う人がいます。名付けて「アジア混沌論」。しかし私には、その理屈はモダニズムを推進する学者の言い訳にしか聞こえません。

現在、成長が著しいシンガポールとマレーシアを例に挙げると、この二国の都市景観は決して混沌ではありません。むしろこれらの国はイギリスの植民地から独立する際に、イギリス流の都市計画を受け継いだために、近代的な手法でゾーニングを行い、町並みの整備に成功しています。

過去の歴史的な例として、北京の都市計画を挙げてみましょう。15世紀から発達した旧・北京は東西南北に区画され、道路や路地は碁盤の目に引かれていました。それぞれの通りや路地は、満州人旗本、漢商人、芝居小屋と遊郭、提灯《ちょうちん》作り、本屋、古道具屋、鳥籠《とりかご》作りの職人、楽器屋など、職業や身分によって住人が細かく分けられていました。中央には十数キロにも及ぶ幹線軸の道路が通り、幾重にも続く門や壁を通り抜け、前門、天安門、午門などを経て、紫禁城の奥まで抜けていました。

もともと日本の古い都は、中国の都市に倣ったものです。京都もそうです。碁盤の目状の都市計画がなされた京都や北京に、混沌は見られなかったのです。

これは江戸の町も同じでした。江戸は「碁盤の目」というより、江戸城を囲む「螺旋《らせん》」状の運河と道路で構成されており、道路沿いには武家屋敷がビッシリと並んでいました。

江戸では幕府の「倹約令」により、うるさい町奉行が門や窓の細かいディテールにまで介入して、士農工商の生活と町の様式を監督していました。「無法状態」の下町を除いては、よほどのことがない限り、変なことはできません。

現代においても、シンガポールで混沌は許されません。並木の一本一本を大事にして、町の美化に努めています。混沌が美徳だと唱えるのは日本の先生だけです。

アジア混沌論は「文明開化」から続く、日本人による自己嫌悪の表れの一つかもしれません。

つまり「アジアはそもそも文化レベルが低くて、欧米ほどきちんとした町を作ることは到底無理なので、諦めましょう」という発想です。

言い換えると、日本人は自国の文化、歴史、住まいと自然に対してプライドが低い、ということになります。しかし、京都と江戸には、西洋に見られない整然とした町並みがありました。世界中の人々があこがれる美しい住居と、ロマンチックな町並みは、今でも全国各地にその面影を残しています。それらの場所は世界の「宝」とも言えるものですが、古い町では解体や取り壊しが進み、空き地、駐車場、マンション、突飛な外観のビルに成り変わって、多くの場所が危機的な状況に瀕《ひん》しています。それを食い止めて、美しく元気な姿に町を再生できるかは、市民のプライド次第です。

第八章

国土の大掃除

―観光テクノロジー―

21世紀の基幹産業は観光業になる

1970年代以降の日本では、道路、橋、川の護岸など、とにかく工事、工事と、中央政府が土木事業にお金を注ぐ一方で、地方の過疎が進みました。

写真はシャッターの下りた商店街ですが、こういった淋《さび》しい光景が、日本各地で見られるようになっています。

ただ驚くことに、このような話を東京でしても、なかなか実感を持ってもらえません。地方がさびれる一方で、一極集中の進む東京では人口が増え、超高層ビルも大型商業施設もバンバン建って元気ハツラツ。下手をすると、「日本のどこが問題なんですか?」と聞かれてしまうぐらいです。

しかし問題なのです。80年代後半までの日本の高

地方の典型的な風景になりつつあるシャッター街

度経済成長は、社会の第二次産業化の上に立脚していました。車を作る、カメラを作る、精密機械を作る、そういった製造業の発展こそ経済大国への道だ、と誰もが信じて疑わなかったのです。そんな時に「いえ、景観が大事なんです」と言っても、それは非現実的なロマン主義にしか聞こえませんでした。

景観を大事にすることは経済的でも文明的でもない。それよりも道路を広げ、海を埋め立てて、奇抜な人工物を増やすことの方が、社会の関心事だったのです。

しかし90年代以降、産業構造は根幹からの変化を余儀なくされます。第一に日本社会のフェイズが成長から成熟へと転換し、第二に、世界の急激なグローバリゼーションによって、かつて日本の製造業を支えた構図が地殻変動を起こし、それに頼った経済発展モデルがもう機能しなくなりました。日本の経済は「失われた10年」から「失われた20年」に突入し、格差の拡大など、新たな社会問題も浮上してきました。

そこに打つ手はないのでしょうか。

経済の低迷を打破するべく、サービス産業やＩＴ企業では、さまざまな形で新たな試みがなされています。

そのチャレンジ精神をもって、「地方の再生」という分野に焦点をあてると、観光産業の本格的な育成が、救いの道として考えられます。

小泉純一郎さんが首相だった時に、「観光立国」という言葉を使いましたが、観光業は80年代の後半まで、日本ではかなり軽視された産業でした。そういうことはヨーロッパの時代遅れな国がやればいい、私たちは車の製造や造船に力を注ぎます、という考え方が、政治家には強かったのです。

もちろん製造業は昔も今も大切です。しかし今では、世界の大都会であるニューヨークや上海などで、観光業は、経済活動の大きな部分を占めており、今日の観光産業は外貨獲得の点で言うと、実は世界で最も大きな産業と言えます。

例えば世界における総売り上げの規模を比較すると、石油とガスの４０２０億ドル（Global oil and gas transactions review, 2012）に対し、観光業は1兆３００億ドル（一般社団法人日本旅行業協会「数字が語る旅行業２０１３」）です。また、パソコンの年間売上台数は3億台と言われています。パソコンの平均価格は一台６５０ドルと言われていますから、そこから導かれる総売り上げは１９５０億ドルです。つまり、産業としての観光業の規模は、パソコンのみならず、なんと石油・ガスよりも大きいのです。

観光資源の豊富な日本が、この分野を開拓できれば、従来の産業には望めないような大飛躍だって期待できるのです。

あれ、京都に来たはずなのに？

しかし現状を見ると、観光産業で日本は世界に出遅れていると言わざるを得ません。「日本は他のアジア諸国より進んでいるのだ」という意識は、日本人の間にはまだ根強いかもしれませんが、観光業に関しては、諸外国の方がずっと発展しています。それは、単に旅行者の数だけでなく、「観光テクノロジー」全般に言えることです。

「テクノロジー」や「先端技術」と言うと、製造業を思い浮かべるかと思いますが、サービス業にも洗練された技術があります。景観の管理においても同様です。

例えばホテルです。旅をする時は、滞在時間の約半分は宿の中で過ごすことになります。そのため、ホテルにも地域性や歴史性、美的感覚が求められます。それらを設計と内装にどのように取り入れるか。これは「観光テクノロジー」の一つです。

さて、タイの首都バンコクと京都のホテルを例に、アジアと日本のホテルを較べてみましょう（162～163ページ）。

アジア諸国は刻々と進化を遂げています。中国ですら、みんなが「ヘンだ」と思うことは、

バンコクのシティホテルですが、コートヤードはタイの遺跡を思わせるつくりになっています

これもバンコクの大型観光ホテルです。階段にはタイの壁画が飾られています

京都のシティホテル。ああ、京文化は奥が深い

長い旅路を経て辿り着いたあこがれの京都。あれ、私たちは、どこに着いたのかな？

少しずつ改善されています。その意味で、最も変わらないのは日本なのです。

大型観光バスに頼る時代遅れの「観光テクノロジー」

変わらないということは、ある意味、日本の体制がそれだけ独自で磐石《ばんじやく》ということですが、一方で、過去の成功体験の上にあぐらをかいていて、世界最新の技術と感性を勉強していない、ということでもあります。そうなると、技術は遅れをとり、いずれは競争に負けてしまうことになります。

その一例が大型観光バスによる観光ツアーです。従来の大型バス観光は、歴史地区のど真ん中に、「便利な」大規模バス駐車場を作ることで成り立っていました。しかし今は、個人旅行者や外国人観光客が増えており、大型バスで大勢の観光客を集めるという、古い形態の観光産業は、どんどん弱まる一方です。その流れの中で、景観への影響に配慮せずに、このような大型施設を作ることは、許されなくなってきています。

１９９５年に世界遺産に登録された岐阜県の白川郷は、大型観光バスが駐車できる大きな駐車場を整備して、観光客を迎えています。それが大成功して、白川郷を訪れる観光客数は年間約１４０万人にも上りますが、しかし平均滞在時間は、たったの40分です。

白川郷の合掌造り集落と、その駐車場

大型観光バスでここを訪れる人が、長期滞在することはありません。みんなでわっと来て、ごく短い時間だけ滞在して、わっと帰っていきます。観光客が地域にお金を落としていくことを期待しても、自動販売機で飲み物を買うぐらい。駐車場代におみやげ代といっても、たかが知れています。むしろトイレでの落とし物の方が、迎える側にとっては負担が大きいかもしれません。このような形では、大きな経済効果や文化交流は期待できません。

大型駐車場ができた結果、白川郷がどうなったかというと、従来のよさは薄れて、場所の価値はかえって低下しました。私は2000年代に世界遺産の選択に関わる委員会「国際記念物遺跡会議（ＩＣＯＭＯＳ・イコモス）」のメンバーを務めていました。その時に、白川郷はお粗末な駐車場の設置で景観が乱されたことで、世界遺産からの取り消しが検討される「危機遺産リスト」に載るのでは、と懸念されていました。

私は、ここで大型駐車場を否定しているわけではありません。こうした施設を作る際には、景観について十分検討し、影響を最小限に抑えるよう配慮することが重要だと言いたいのです。

中国雲南省のシャングリラの近くにある大きなチベット寺院「松賛林寺《ソンザンリン》」では、観光客のために、かなり離れた場所に駐車場を作り、その駐車場からシャトルバスに乗り換えるシステムを整備しています。

イタリアのヴェネツィアでは２０１４年から、景観と安全上の理由から大型客船の経路を大幅に制限しました。

要は、観光客の数を増やすだけではなく、適切な管理の仕方が求められている、ということです。

残念なことに日本では、「大勢の観光客がお金を落としていくように、できるだけ大きな駐車場を作ろう」という、安易で軽率な発想が蔓延《まんえん》しています。大型観光バスにより観光客の誘致を図り、それを継続的に地元の経済効果に結び付けたいのなら、どのくらいの規模の駐車場をどこに作ればよいのか。景観を損なわず、観光客の動線を確保するには、どうすべきか。そのような検討をおろそかにしてはいけません。

健全な観光には高度なテクノロジーが求められます。景観に配慮せず、画一的に大型駐車場や自動販売機を設けるという手法は、結局は時代遅れです。繰り返しになりますが、私は、道路がいけない、観光客のための便利な施設がいけない、金儲けがいけない、と言っているのではありません。むしろ逆に、景観だってもっと経済的に発展させていかなければいけない。そのためには、ハードウエアではなく、ソフトウエアの更新が必要なのです。

20世紀から21世紀へと時代が移っても、日本は景観と観光業に関しては、半世紀前の仕組みがそのままの状態で深く根付いています。国は表面的には先進国になったにもかかわらず、考え方は発展途上国のままです。

古い町を粗末にした歴史は、実は世界各国にあります。例えばニューヨークでは、1963年に美しいペン・ステーション（ペンシルバニア駅）を、なんの抵抗もなく破壊して、現在の殺風景な駅に作り替えました。しかし1970年代に、グランド・セントラル駅の取り壊し計画

旧ペン・ステーション

現在のペン・ステーション　©AFLO

グランド・セントラル駅　©AFLO

が発表された時は、ジャクリーヌ・ケネディ・オナシスの先導の下で市民運動が起こり、計画は頓挫《とんざ》しました。古いものの価値、それを見直して現代に生かそうとする知恵が、そこで芽生えたのです。こうしてニューヨークは、発展途上国的な感覚から「卒業」することができました。日本は残念ながら、ずっと「留年」。そろそろ卒業する時期が来ていると思います。

師匠の故・白洲正子さんは、「愛しているなら、怒らねばならない」と、私に教えてくれました。本書で日本の景観について、時にキツい皮肉をまじえながら、率直な批評をこころがけてきたのも、このような気持ちがあるからこそです。

かつて屈指の美しい景観を持っていた日本は、今や無神経な破壊の道中にあります。これまでに失った景観が、どれほど貴重なものだったか。すでに失ってしまったのなら、次にどうやって取り返せばいいか。みなさんもぜひ心に留めて、時には怒ってみてください。そうやって、少しでもいい形で未来へ継承させていくことができれば、私の言葉も決して無駄にならないと思っています。

ニッポンの景観テクノロジーを世界へ

写真はブリュッセルの町並みを加工したもの

最近、日本の土木では「美しい国づくり」が一つのテーマとなっています。これを国内だけに留めるのはもったいないないと思います。優れた景観と土木技術は世界に大きく貢献できるはずです。そこで、いかに景観、あるいはインフラを向上させられるか、海外の数カ所を対象にモンタージュ写真を作ってみました。

フィレンツェのダヴィデ像（現状）

フィレンツェのダヴィデ像（改善）
イタリアの優良企業HITACCOが看板を寄付しているから分かりやすい。
喫煙、落書き、集合写真、犬のフンも心配ありません。

バチカンのサン・ピエトロ広場（現状）

バチカンのサン・ピエトロ広場（改善）
大型駐車場ができたことによって、実に便利になりました。アスファルトは危険ですから、ご注意ください。

アマルフィ海岸のポジターノ（現状）

アマルフィ海岸のポジターノ（改善）
坂道が面倒です。こうやって舞台を作れば、団体客もバスで楽に来られます。トイレ、お土産売り場も完備しているので、町に入らなくても大丈夫。

ハワイ島ワイピオ谷（現状）

ハワイ島ワイピオ谷（改善）
道路がない、海岸浸食の恐れもある、山はいつ崩れるか分からないという不便と危険を改善した。建築賞がもらえる建物も。

ヴェネツィア（現状）

ヴェネツィア（改善）
運河を道路に埋め立てれば便利で安全、工事で雇用の確保もできて一石二鳥。

ノートルダム大聖堂（現状）

ノートルダム大聖堂（改善）
「ご多幸」「ようこそ」で宗教的なムードが高まる。自動販売機も設置され、実に多幸です。

フィレンツェの町並み（現状）

フィレンツェの町並み（改善）
町並み全体を保存するのは経済的ではないし、時代遅れの感もある。京都のように観光名所だけを残して、町を刷新すると能率的です。

終章 日本人が掌に持っている宝

古民家を、どのように再生するか

日本の古い町がどんどん壊されていく。昔ながらの商店街がシャッター街になり、田舎もさびれていく。私はそのことをずっと憂えてきました。しかし、憂えているだけでは何もよくなりませんので、自分でできることを見付け、いくつかのプロジェクトを実行してきました。本書の最後に、そのような事例を挙げて、少しでもよい未来へと希望をつなげていきたいと思います。

２００４年から10年にかけて数人の人たちと組んで、京都の町家を一軒貸しの宿泊施設に再生するプロジェクトに取り組みました。対象にした町家は、住む人がいなくなり、取り壊しが検討されていたものです。そういった町家を舞台に、パリ、サンフランシスコ、ハワイなど世界の有名な観光地で行われている一軒貸しの「ヴィラレンタル」という形が、京都でもできるのではないかと発想したのです。

そのプロジェクトでは京町家を最終的に10軒改装しましたが、最も重要視したのは、古い家を昔のままに復元するのではなく、今の時代のライフスタイルに適応させることでした。それまでによく行われていた「保存」では、「江戸時代はこうだった」という基準で、コンセント一つ変えられない「資料館」になってしまいます。そうしないために、私たちは古い家の電気系統や水回り全部を整えて、冷暖房や照明器具にいたるまで、今の人がストレスなく使える家にしたのです。

プロジェクトを始めた当初は、「日本人はフルサービスの旅館か大型シティーホテルじゃないとダメ。一軒貸しのレンタルには来ないよ」と言われました。「だったら、そのスタイルに慣れている外国人目当てでやりましょうよ」ということで進めましたが、フタを開けてみたら、宿泊客の7割が日本人で、3割が外国人でした。つまり日本人の間には、こういう形の宿泊、滞在に対して潜在的なニーズがあったのです。

京都のプロジェクトは私にとって非常によい経験になりました。ただ、京都という国際的に有名な観光都市は、私が関わらなくても、発展の仕方がいくらでもあります。そもそも私の原点は、徳島県の祖谷という秘境です。そんな日本の田舎に目を向けると本当に悲惨な状況で、積極的にいろいろなことを考え、行動しないと将来はないと思いました。

そんな時に、声をかけられてスタートしたのが、長崎県小値賀《おぢか》町での公共プロジェクトでした。

小値賀は五島列島の北、西海に浮かぶ17の小島からなる町で、佐世保から高速フェリーで2

歴史的に貴重な「野首天主堂」

公共モニュメントの「あわび館」

時間と、祖谷よりもさらに不便な場所です。祖谷には平家の落人伝説が伝わっていますが、小値賀にも隠れキリシタンの歴史があり、今も「野首《のくび》天主堂」という建築史的に貴重な傑作が残っています。

すばらしい海の眺めと美しい教会建築がある小値賀でも、他の町と同じように、巨額の税金をかけて、「あわび館」という公共モニュメントが建てられていました。しかし、小値賀の本当の価値は公共モニュメントではなく、町に残る古民家にあります。町から観光事業・まちづくり事業の相談を受けた時、私は新しくコンクリートの建物を作るのではなく、その土地ならではの古民家を改装し、活用することを提案しました。

その時に作ったスキーム（枠組み）を説明すると、原資は国土交通省や農林水産省などから交付される補助金です。その使い途を地方自治体が決めます。私の役割は、地方自治体から依頼を受けて、プロジェクトのアイデアとデザインを考え、実現していくプロデューサーです。そこには、予算管理も含まれます。

プロジェクトのベースになる古民家は、持ち主と交渉して、寄付をしてもらいます。小値賀では8軒の提供を受けて、そこを再生することになりました。

京町家の時と同じく、古民家の再生で肝心なことは、古い建物の美しさを保ちながら、生活インフラを全部整えて、現代の居住性を確保することでした。古民家に興味はありながら、そこに暮らしたいと思う人が少ないのは、冬に寒く、夏に暑く、汚れがたまっていて、不便だからです。再生にあたっては、そういう負の条件をなくすように努めました。

例えば写真の古民家は、一見、昔ながらのお座敷ですが、壁と床に断熱材を入れ、水回りも全部やり直す、というようこに、目に見えないところに気を配っています。

同時に、目に見えるところも大切です。例えば、お風呂《ふろ》は通り一遍のユニットバスではなく、一流リゾートのスパ並みに

伝統的なお座敷です

今の人にはテーブルと椅子も必要なので、お座敷の隣には掘りごたつ式のリビングを設けました

柱が邪魔だからテーブルが置けないと言われましたが、そのパズルにも解決策はありました

井戸をそのままにして、周囲にデッキを張りました。古いものは、いいアクセントになるのです

古民家から出てくる道具類もがらくたとして捨てられがちですが、きれいに磨いて並べると、本来のよさが見えてきます

設《しつら》え直しました。今は東京から小値賀までの旅費と時間で、ハワイにもバリ島にも行ける時代です。日本の地方の競争相手は、国内の観光地ではなく世界なのです。古民家にユニットバスが入った、というぐらいでは、「小値賀に行こう」と人は思ってくれません。宿泊施設には普段の生活を忘れさせてくれるような、高いクオリティーの居住性が必要なのです。

田舎では、夜に食事に行くところがないことも問題になります。小値賀では8軒の古民家の中で一番大きな「藤松家」を、みんなが使える「レストラン藤松」にしました。メインのお座敷は天井が低くて、テーブルと椅子《いす》では圧迫感があったので、掘りごたつ式にしました。テーブルに使ったのは、一年ほどかけて探した長さ

夜の「藤松家」

「藤松家」のシンボルとなった7メートルのテーブル

7メートルの銘木です。天井裏には、訪れた人たちがゆっくりと語り合えるワインバーを作りました。

ここに来るお客さんは当初、観光客ばかりでしたが、最近は地元の人たちも宴会などで使ってくれるようになりました。今では、7メートルの大胆なテーブルが、藤松家のみならず、小値賀のまちおこし全体のシンボルのようになっています。

小値賀の次は、私の原点である祖谷で同様のプロジェクトを手がけました。小値賀と同じく、祖谷も徳島県三好《みよし》市から依頼された公共事業です。私が拠点にする「篪庵《ちいおり》」がある集落とは別の「落合《おちあい》」という集落にある8軒を再生する事業です。落合集落の最初の家は、どこから手を付けていいのかも分からないほどのボロ家でした。ベニヤなどが打ち付けられていた壁や、腐っていた床は全部はがして、江戸時代の構造にいったん戻しました。家は長い年月の間に傾いていましたから、それも直し、屋根も葺き替えました。内部は古民家のよさを残しながら、断熱と床暖房にこだわりました。板敷きの座敷は昔ながらの囲炉裏を中心としたものですが、窓はペアガラスで、床には床暖房が入っています。ペアガラスの断熱効果は抜群で、冬に雪が降っても暖かくしていられます。

最初に完成した家は、中国のロマン小説にちなみ「浮生《ふしょう》」と名付けました。その後、残りの

「浮生」の改修前

「浮生」の改修後

「浮生」の座敷

座敷の隣の台所スペースには、ミニキッチンにテーブルと椅子を付けて、朝、コーヒーを飲みながら気楽に過ごせるような場所にしました

7軒を手がけました。改修した家の運営・管理は2005年に発足させたNPO法人「篪庵トラスト」が三好市から委託を受けて行っています。

東祖谷の落合集落を手がけた後にはいよいよ、築300年の茅葺きの農家、「篪庵」の大改修にも取り組みました。「篪庵」は「篪庵トラスト」に、一部、国や地方自治体の補助金を交付してもらいながら進めたものです。

家は柱と桁の状態にいったん解体し、傾きを直すために半年をかけて牽引《けんいん》し、その後に床や壁を直して、屋根も茅を葺き替えました。古い床板は捨てずに一枚一枚保管し、それらを再び張り戻しました。いざ、改修が終わって内部を見た時は、「あれ、あんなに手間とお金をかけ

「篪庵」床を外して改修を始める

たのに、どこも変わっていないじゃないか」と失望感を覚えたくらいです。

つまりこの改修でも、資金は床暖房や水回りなど、目に見えないところに使ったわけです。また、目に見えるところでは、トイレとお風呂、それから台所をきれいにしました（197ページ）。はるばる祖谷の山奥に来てくださるお客さまには、やっぱり檜風呂で体を休めてもらいたいですよね。炊事場もきちんとしていてこそ、この家が楽しく滞在できる場所になるのです。

「何もない魅力」

私が手掛けたプロジェクトを紹介すると、「こんな何もない田舎で、そんなことをやって、果たしてお客さんを呼べるのでしょうか」と、

「篪庵」傾きを直すために梁をケーブルで引っ張る

「篪庵」の改修前

「篪庵」の改修後

キッチンスペース

自慢の水洗トイレ

自慢の檜風呂

地元の人たちに必ず聞かれます。その質問の底にあるのが、戦後に根付いたネガティブな「神話」です。地方や田舎の場合は「奇抜なものを作ることが地域発展につながる」と、今でもまだ信じられているのです。

そう聞かれた時、私は自分の原点である「篪庵」の話をするようにしています。40年前に私が祖谷で「篪庵」を入手した動機は、山に棲《す》む仙人にあこがれたから。というほど、当初からこの家は、とんでもなく不便な山の中にありました。しかし、時間と手間をかけて、自分の思うように家を磨いていくうちに、友人知人をはじめ、いろいろな人たちが見学や宿泊に来るようになったのです。それらの人たちは、私が茅を葺き替える時にボランティアとして参加してくれたり、文化パーティーに出席してくれたりしました。

ある時、四国で観光統計をとったら、徳島県を訪れる欧米人の数が突出している、という結果が出ました。徳島には別に有名なテーマパークやショッピングモールがあるわけではありません。「なぜか?」ということで調べると、それら欧米人たちの行き先は祖谷だという。「あんな山奥に、なぜ?」と、彼らはますます分からなくなります。さらに調べると、1年に千人以上の欧米人が「篪庵」という場所に行っている。「篪庵って、いったい何だ?」ということになり、お役所の人がついに私のところに訪ねてきました。

今では稀少なものになってしまった「何でもない風景」

篪庵のそばには大きな歓迎ホールや資料館も、便利な道路もない。なのに何でこんなに人が来るのですか、とたずねられた時、私は「ここには『何もない魅力』がありま す」と答えました。

例えばパリでは、ルーブル美術館やノートルダム寺院は一度行けば満足してしまいますが、名もない街の裏通りは、何度歩いても飽きませんし、記憶にずっと残ります。

京都の町中にある、ちょっとした窓の様子や、祖谷の何でもない石垣。山で見かける草、苔、石、小川など、「何もない魅力」がある風景は、かつての日本には、そこら中にありました。

上の写真は、何でもない素朴な田んぼの

風景です。ゆっくりと見てみましょう。実はこの写真はブルーシートがない、ビニールハウスがない、看板も電線も鉄塔もない、という意味で、今では探そうとしても、なかなか見つけることのできないものなのです。こういう何気ないもの、心がほっとするような風景こそが、本当は貴重な文化財だと思います。が、残念ながら今の日本では、あっという間に消えてしまう。かろうじて残っている風景を、これからどれだけ消滅させないようにするかは、本当に重大な問題だと思います。

その視点がセンチメンタルなものでない証拠に、小値賀や祖谷のプロジェクトの稼働率が挙げられるでしょう。あれほど不便な場所なのに、宿泊施設として小値賀と祖谷では高い稼働率を達成しているのです。しかも、その宿泊客の約8割が日本人です。つまり日本人は、確実にこういうものを求めているし、きちんと提供することができれば、離島でも山奥でも来てくれる。京都、小値賀、祖谷の経験で、そのことを確信しました。

小値賀と祖谷のように、香川県の宇多津《うたづ》町と奈良県の十津川《とつかわ》村でも、古い建物を宿泊施設に再生する、まちづくりのプロジェクトを手掛けました。宇多津では商店街の中にある元商家を二軒使って、「古街の家」と名付けています。十津川の「大森の郷《さと》」は、明治時代の小学校校舎を元に、壁から床、家具まで、十津川産の木材をふんだんに使ってリノベートしました。祖谷は秘境リゾート、宇多津は町家、十津川は山小屋、というように、すべて同じスタイルで行うのではなく、その土地の風土と歴史に馴染《なじ》む再生のあり方を意識しています。そうやってコンセプトを変え、工夫していくからこそ、面白いのです。

「国土の大掃除」が未来の公共事業になる

これらのプロジェクトは、国の資金を使った「公共事業」です。

日本で公共事業と言うと、何十億円、何百億円をかけた道路やダム建設というイメージが定着していますが、近年では、私が手がけるような古民家再生とまちづくりのスキームも公共工事と認められ、予算が付くようになってきました。金額は道路などに比べると微々たるものですが、本当に日本のためになる健全な工事が認められてきたのは、うれしいことです。

これまで日本の隅々で、雇用確保という名目の下、無駄と思える道路建設が延々と続けられてきました。大きなお金が動く道路建設について疑問を挙げると、「雇用はどうする」という非難にさらされます。

国家にとって失業率は大事な問題です。これまで道路やダム建設に年間何兆円もの税金が使われてきたことについても、全否定するわけではありません。私はむしろ、国家予算をもっと土木に使おう、建築に使おうと言いたいくらいです。ただし、使うなら過去のミステークの撤去に使いましょうよ。

これからは国土の大掃除の時代です。日本中の河川と海岸に作られた、不要なコンクリートの護岸をはがしましょう。先進国の常識となっている電線埋設を徹底してやりましょう。美しい川の上に架けられた高速道路を別の場所に移し替えましょう。今までの倍の予算に増やしてもいいから、汚くなったお座敷を掃除しましょう、と言っているのです。

残念なことに、日本の政府、役所にはそういった発想がありません。自国の産業や経済の発展を議論する時、農業・林業や観光業など、スターティングポイントがあったとしても、行き着くところが「じゃあ道路を作りましょう」になってしまうのです。

第一に政治家の頭が時代遅れなことは確かですが、同時に、役所の仕組みも前時代に凝り固まっていて、今の時代に対応できていないのです。

例えば祖谷では道路を作るために、毎年多額の予算を組むことが決められています。人口が劇的に減っている中で、現状以上の道路は必要もないのですが、予算が付けられている以上、地元としても使わないわけにはいかない。そうやって毎年、自動操縦で道路やトンネルが作られていく。しかし一方で、祖谷では水のインフラ整備が遅れていて、集落によっては簡易水道が整っていないのです。水が確保できない方が、地域の生活にとってはよほど致命的ですが、水道を作る予算はゼロ。しかし、林道をさらに延ばすためには、豊富な予算が準備されている。このような、「成長」が永遠に続いていきます。

公共事業の「中身」を考えよう

何度も言いますが、私は公共工事の国家予算を減らしましょう、と主張しているのではありません。これからは公共事業の「中身」を変えていきましょう、と言っているのです。予算は削減しなくていいから、それを無駄な土木工事ではなく、電線埋設なり、水道の整備なり、景観に貢献すること、地域が必要としていることに使おう。古民家と町並みを再生して、宿泊施設なり、レストランなりを核とした経済活動の場にしよう。そう言っているのです。それでしたら、ゼネコンも困りません。

小値賀や祖谷のまちづくりでは、私がプロデューサーとして、内外装のデザイン監修も務めましたが、私自身は設計士ではありません。ですから、実施にあたっては地元の設計士や大工、さらに地元のゼネコンと組むことになります。

それらの方々は、技術は持っているのに、昨今はプレハブ住宅しか手がけるチャンスがないので、古民家再生で使われる床張りの手法や壁の塗り方について知識がありません。しかし、古民家再生のような仕事を頼まれることで、彼らは新しい技術を勉強できますし、知恵と経験が地元に根付いていきます。

建築だけではありません。インテリアの面でも、古民家に相応しいテーブルや椅子が必要になります。そこで、地元の家具職人や木工職人が仕事を得るようになります。

さらに、宿泊施設の維持に携わる人も必要になります。過疎地の祖谷に若者は少ししかいませんが、「篪庵」には20代の青年がマネージャーとして静岡から移住してくれました。自然があって、景色のいい地方で仕事をしたいという若い人たちは多いのですが、農業や林業は、いきなりやろうとしても難しい。でも、ホスピタリティーを主にした観光業なら、移住のハードルは低くなるのです。そんな若者がいる一方で、部屋の掃除は、地元のおばあちゃんが活躍してくれています。

祖谷では「岩豆腐」という、固いチーズのような土地のお豆腐があって、人が減るとともにどんどん売れなくなっていたのですが、観光客が来るようになってから、料理で使ったり、おみやげで売ったりと、少しずつ需要が戻ってきました。

そのように、スキームの中身を変えれば、さまざまな職種の仕事が広がり、定着していく。

その循環の方が、一時の土木工事でお金をばらまくより、よほど健全です。その意味で、この形は未来の望ましい公共事業なのです。

この数年、日本の景観に少し光が見えてきたことも感じています。古い町並みを壊してきた京都でも、近年は景観の規制をより強化し、保全活動に本格的に取り組むようになっています。仕事で全国を回っていると、各地で面白い活動を目にする機会も多くなりました。大分県竹田市では旧城下町にある廃校になった中学校を改装して「アーティスト・イン・レジデンス（アーティストが滞在しながら、創作活動をする仕組み）」に提供しています。福井県坂井市の三国湊では、行政が古い町家群を再生して町の活性化を図っていますし、島根県隠岐諸島の海士《あま》町では、多くのIターンの若者を呼びこむことに成功しています。また、長野県小布施《おぶせ》町では農家と協議して、補助金を出す代わりに、田んぼの中の看板を外すという試みを始めました。これは日本の農地にとって画期的なできごとです。

行政システムの旧態依然はいまだに変わらず、2020年の東京オリンピックに向けた建設ラッシュで、国土はさらにダメージを受けることが懸念されますが、その一方で国民の意識は、確実に良い方向へと変わり始めています。町だけでなく、山、森林、海岸に対しても、新しい保全の動きが全国的に芽生えており、「美しき日本」に向かって新しい希望が生まれているのです。

私は書を愛好しています。先日、あるパーティーで気分が乗って、いつも一緒に書の遊びをする先生と屏風に筆で字を書きました。書いたのは、禅の言葉である「明珠在掌（みょうじゅたなごころにあり）」です。昔、ある人が世界一光る珠を求めて旅に出ました。その人は何10年もの間、諸国を回りましたが、珠は見付けられず、最後に自分の掌の中にあったことに気付く、という謂れです。

日本は長年必死に「文明」と「発展」を求めて、山と川をコンクリートで埋め、古い町を恥だと思って壊し、交通のない「ループ橋」や、お客の訪れない「ふれあいの館」をたくさん作ってきました。しかし日本は「光る珠」として、美しい自然と文化的なたたずまいを、初めから掌の中に持っていたのです。

それを再認識することが、これからの課題です。

アレックス・カー

東洋文化研究者。一九五二年、米国生まれ。七四年にイェール大学日本学部卒業、七七年にオックスフォード大学中国学部卒業。同年から京都府亀岡市に居を構え、書や古典演劇、古美術など日本文化の研究に励む。二〇〇〇年代に京都の町家が壊されていることを懸念して、修復し宿泊施設として開業。二〇一〇年から景観と古民家再生のコンサルティングを地方に広げ、徳島県祖谷、長崎県小値賀町、奈良県十津川村などで、十数軒を改修して滞在型観光事業を営む。著書に『美しき日本の残像』(朝日文庫、九四年新潮学芸賞)、『犬と鬼』(講談社)など。

ニッポン景《けい》観《かん》論《ろん》

二〇一四年 九 月二二日 第一刷発行　集英社新書ヴィジュアル版〇三六V
二〇二〇年一二月一四日 第五刷発行

著者……アレックス・カー
発行者……樋口尚也
発行所……株式会社集英社
東京都千代田区一ツ橋二−五−一〇　郵便番号一〇一−八〇五〇
電話　〇三−三二三〇−六三九一(編集部)
〇三−三二三〇−六〇八〇(読者係)
〇三−三二三〇−六三九三(販売部)書店専用

装幀……伊藤明彦(アイ・デプト.)
印刷所……大日本印刷株式会社
製本所……加藤製本株式会社
定価はカバーに表示してあります。

ISBN 978-4-08-720753-8 C0226

a pilot of wisdom

集英社新書　好評既刊

全体主義の克服
マルクス・ガブリエル／中島隆博　1032-C

世界は新たな全体主義に巻き込まれつつある。その現象を哲学的に分析し、克服の道を示す画期的な対談！

東京裏返し　社会学的街歩きガイド
吉見俊哉　1033-B

周縁化されてきた都心北部はいま中心へと「裏返し」されようとしている。マップと共に都市の記憶を辿る。

人に寄り添う防災
片田敏孝　1034-B

私たちは災害とどう向き合うべきなのか。様々な事例や議論を基に、「命を守るための指針」を提言する。

人新世の「資本論」
斎藤幸平　1035-A

資本主義が地球環境を破壊しつくす「人新世」の時代。唯一の解決策である、豊潤な脱成長経済への羅針盤。

国対委員長
辻元清美　1036-A

史上初の野党第一党の女性国対委員長となった著者が国会運営のシステムと政治の舞台裏を明かす。

プロパガンダ戦争　分断される世界とメディア
内藤正典　1037-B

権力によるプロパガンダは巧妙化し、世界は分断の局面にある。激動の時代におけるリテラシーの提言書。

江戸幕府の感染症対策　なぜ「都市崩壊」を免れたのか
安藤優一郎　1038-D

江戸時代も感染症に苦しめられた。幕府の対策はどのようなものだったのか？　その危機管理術を解き明かす。

長州ファイブ　サムライたちの倫敦《ロンドン》
桜井俊彰　1039-D

密航留学した経験から、近代日本の礎を築いた五人の長州藩士。彼らの生涯と友情に迫った幕末青春物語。

苦海・浄土・日本　石牟礼道子　もだえ神の精神
田中優子　1040-F

水俣病犠牲者の苦悶と記録を織りなして描いた石牟礼道子。世界的文学者の思想に迫った評伝的文明批評。

毒親と絶縁する
古谷経衡　1041-E

現在まで「パニック障害」の恐怖に悩まされている著者。その原因は両親による「教育虐待」にあった。